KB236480

요리사가 말하는

요리사

지은이들 장미영 인천공항 워커힐호텔 MATINA 조리사 | 김소정 뚜레쥬르 선릉점 제빵사 | 한영용 '큰기와집' 및 '한상' 대표 | 우금산 '지미(知味)' 대표 | 김광래 '가로(がろう)' 조리부장 | 김광오 신라호텔 조리팀 부주방장 | 심재호 '일꾸오꼬' 원장 겸 백석문화대학 외식산업학부 교수 | 강병택 '우리밀 이야기' 대표 | 최재석 베니건스 메뉴 개발 팀장 겸 총주방장 | 임성희 MBC 미술센터 제작2팀 푸드 코디네이터 | 신비 '풀향기' 대표 | 김태윤 프리랜서 식공간 연출가 | 우제규 밀레니엄 서울힐튼호텔 내 레스토랑 '실란트로' 소믈리에 | 이오성 월간 『말』 기자 | 이형근 쉐라톤그랜드워커힐호텔 양식부 헤드 쿡 (이상 원고 게재 순) | 최현주 KTX 매거진 수석 기자

요리사가 말하는 요리사

2006년 3월 20일 초판 1쇄 발행
2024년 10월 4일 초판 13쇄 발행

지은이 한영용 외 14인 | 펴낸곳 부키(주) | 펴낸이 박윤우
등록일 2012년 9월 27일 | 등록번호 제312-2012-000045호
주소 서울시 마포구 양화로 125 경남관광빌딩 7층
전화 02) 325-0846 | 팩스 02) 325-0841
홈페이지 www.bookie.co.kr | 이메일 webmaster@bookie.co.kr
제작대행 올인피앤비 bobys1@nate.com
ISBN 978-89-85989-94-7 14300
ISBN 978-89-85989-61-9(세트)

부키 전문직 리포트 7

요리사가 말하는 요리사

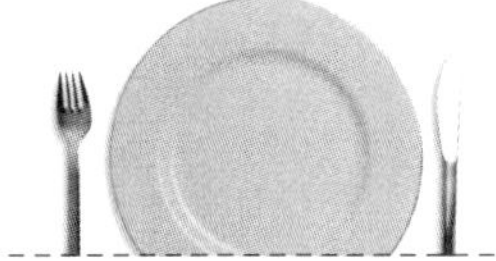

14명의 요리사들이
솔직하게 털어놓은
요리사의 세계

부·키

1장 새내기 요리사의 좌충우돌 일기

2장 다양한 요리사의 세계

3장 더 넓은 요리사의 세계

1장

새내기 요리사의 좌충우돌 일기

눈으로 훔치고 귀로 듣고
코로 맡고 입으로 물어보라

| 장미영 |

1980년생. 2001년 가천길대학 식품영양학과를 졸업하고 2001년 워커힐 외부사업팀에 입사했다. 현재 인천
공항 내 워커힐 환승호텔 MATINA에서 일하고 있다.

2001년 ○월 ○일

선배로부터 특별 오더가 떨어졌다. 고기를 구우란다. 아직 채 1년
노 안 된 조짜인 내게 고기를 맡기다니. '이건 나를 테스트해 보려는
것인지도 몰라.' 무척 중요한 순간이다. 새내기가 고기를 굽는다는 건
요리사로서 작은 인정을 받았다는 뜻이기도 하기에 잘해야 한다는 의
욕이 불탔다. 냉장고에서 고기를 꺼냈다. 딱 봐도 색깔 선명한 최상급
안심. '이만하면 되겠다.' 팬을 뜨겁게 달군 뒤 안심을 올렸다.

치치직~ 잘 익고 있다. 그/런/데.

"야, 너 뭐하는 거야?!"

"고기 굽고 있잖아요."

"무슨 요린 줄 알고 그러는 거야?"

:: 주방 내에서 일하고 있는 장미영 씨. 새내기 시절엔 칼에 손을 베기도 여러 차례였다고….

"네? 스테이크 아녜요?"

"버거(burger)잖아."

맙소사! 내가 구워야 했던 고기는 스테이크용 안심이 아니라 햄버거였다. 그런데 상황 파악을 못하고 그 비싼 안심을 척 구워 버리고 말았으니. 새내기 시절, 나는 으레 고기 하면 무조건 스테이크라고 생각했다. 선배들은 포복절도하는 한편 어이없어 했고, 나는 얼굴이 화끈거려 어쩔 줄을 몰랐다. 아깝다, 최상급 안심 스테이크여!

2001년 ○월 ○일

야채를 다듬다가 그만 손을 베었다. 손가락에서 핏방울이 뚝뚝 떨어진다. 아프기도 하고 당황스럽기도 해서 어쩔 줄 모르고 있는데, 선배 한 분이 버럭 소리를 지른다.

"야, 뭐하는 거야! 그런 건 아무것도 아니니까 반창고 붙이고 계속

일해!"

걱정해 주기는커녕 오히려 면박을 준다. 모진 사람들. 이렇게 아픈데 저토록 무신경하다니…. 끝내 눈물을 보이고야 말았다. 손에선 피가 줄줄 흐르고, 눈에선 눈물까지 흐르니 서럽기 짝이 없다.

벌써 5년 전의 일이다. 5년 된 일기장 속 일이건만, 엊그제 일처럼 얼굴이 화끈거린다. 저렇게 나약했구나. 아니, 저토록 힘겨워했구나. 지금도 한 선배(주임님)는 신입이 들어올 때마다 내 '햄버거 일화'를 소개하곤 한다. 햄버거와 스테이크도 구분 못하던 애가 아직도 우리 호텔에 있는 게 놀랍다나? 이제 그 이야긴 그만둘 법도 하건만. 본의 아니게 나는 후배들의 귀감(?)이 되고 있는 셈이다.

눈치껏 요령껏

내가 일하는 곳은 인천공항 워커힐호텔이다. 정식 명칭은 'In-cheon Airport Transit Hotel by Walker Hill'. 워커힐에서 운영하는 공항호텔이라고 생각하면 된다. 'Transit'이라는 단어에서 알 수 있듯이 인천공항을 경유해 타국으로 떠나는 환승객과 스튜어디스, 상주 직원(공항공사 직원과 면세점 직원 등)이 대다수이고 그 외 일반 손님들이 이용한다. 객실 수는 90개로, 그리 큰 편은 아니다.

레스토랑의 경우 공항 쪽 업장과 호텔 쪽 업장으로 나뉘어 있고, 각 업장마다 다시 동과 서의 두 군데 업장으로 나뉜다. 지금 내가 일하는 곳은 공항 쪽 면세 구역 내의 레스토랑이다. 이곳은 한식과 양식을 겸

한 요리를 내놓고 있는데, 비빔밥과 스파게티가 인기 메뉴이고 커피와 음료 손님도 꽤 많은 편이다.

근무 시간은 오전과 오후 2개 조로 나뉜다. 오전 조는 새벽 6시부터 오후 4시까지, 오후 조는 낮 12시부터 밤 9시까지 근무한다. 가장 바쁜 주말엔 '당연히' 근무해야 하고, 대신 평일에 이틀씩 쉰다. 주말을 낀 주 5일 근무인 셈이다. 요리사가 되면서부터 주말에 친구들을 만나는 것은 아주 특별한 경우가 아니고서는 불가능한 일이 돼 버렸다.

나는 2001년 워커힐 외부사업부에 입사해 이제 6년차다. 입사 초기엔 오전 조 출근 때마다 지각이 잦았다. 6시까지 출근하려면 매일 첫차를 타야 하는데, 아침잠 많은 20대 초반의 내게는 쉬운 일이 아니었다. 다행히 지금은 인천에서 출퇴근을 하고 있다. 집이 먼 직원들은 호텔에서 제공하는, 인천공항 가까이에 있는 직원 아파트에 살고 있다. 영종도 신도시에 있는 27평형 아파트인데, 이 아파트 단지에는 현재 7명 정도의 직원들이 살고 있다.

새내기 요리사의 하루는 새벽 6시에 밥을 짓는 것으로 시작한다. 아침 식사용 빵과 케이크도 이때 준비한다. 레스토랑이 문을 여는 7시 전까지는 샐러드 바에 있는 야채의 신선도를 확인하고, 교체할 것은 교체한다.

오전 9시, 본격적인 점심 식사 준비에 들어간다. 새내기들은 비빔밥용 나물이나 스파게티 면 등 간단한 재료를 준비한다. 이때 눈치껏 행동하는 게 중요하다. 선배들이 불을 쓰지 않을 때를 봐 가며 타이밍을 맞춰 일해야 한다. 선배들이 메인 요리를 준비하려 하는데, 후배가 불을 쓰고 있으면 불호령이 떨어진다.

11시부터 시작되는 런치 타임엔 귀를 쫑긋 세우고 있어야 한다. 홀

:: 장미영 씨가 만든 요리들.

직원이나 선배들의 '오더'를 한마디도 놓쳐선 안 되기 때문이다. 이때는 실제로 일(요리)을 하는 것보다는 선배들의 자잘한 심부름을 하는 경우가 많다. 그야말로 '쿡 헬퍼(cook helper)'가 되는 셈이다. 그러나 바로 이때야말로 요리를 배울 수 있는 유일한 기회이자 시간이므로 귀는 쫑긋 열어 두되, 눈은 선배들의 손짓 하나까지도 유심히 살펴야 한다.

오후 2시부터 3시 반까지는 벌여 놓은 일을 마무리하는 시간이다. 오후 조를 위해 비빔밥 재료를 볶아 두거나 볶음밥용 야채를 준비해 둔다.

오전 조를 기준으로 설명했지만, 오후 조 역시 대략 이런 과정을 반복한다. 사실 새내기 요리사의 일상은 이처럼 매일 똑같은 일의 반복이다. 특히 호텔처럼 체계가 확실하게 갖춰진 곳은 더욱 그렇다. TV 드라마에서처럼 요리를 향한 열정과 실험 정신으로 꿈꾸듯 살아가거나, 호텔 후계자와의 분홍빛 러브 스토리가 꽃피는 곳이 아니라는 것이다. 끝없이 반복되는 일상 속에서 스스로 뭔가를 발견하지 못하면 평범하고 지루한 직장 생활과 별다를 바 없다.

'푼수형 새내기'가 성공한다

새내기 요리사에게 무엇보다도 필요한 것은 체력이다. 하루 종일 서서 일해야 하고, 날마다 들어오는 대량의 식자재들을 운반하고, 조리 기구를 들고 이리 뛰고 저리 뛰어야 하기 때문이다. 근무 시간 내내 거의 쉴 짬이 없다. 특히 한여름, 사우나를 방불케 하는 주방에서 하루 종일 일하다 보면 퇴근 무렵에는 탈진 직전까지 가기 일쑤다.

요리사의 세계에 여성이 발을 딛기도 어렵고, 또 어렵사리 진출해도 오래 버티기가 쉽지 않은 건 아마 힘과 체력이 요구되기 때문일 것이다. 우리 호텔에도 13명의 요리사가 있지만, 여성 요리사는 나를 포함해서 4명뿐이고 그나마 6년차인 내가 가장 고참이다. 그런데 요리사들의 식사 준비는 언제나 여성 요리사의 몫이다. 더러 남자 선배들이 도와주기도 하지만, 요리사의 세계에서조차도 마치 '집안일은 여자가 해야…' 라는 건가 싶어 씁쓸하기도 하다.

내가 근무하는 호텔의 경우 '조리장 – 부조리장 – 주임 – 평조리사' 순으로 직위 체계가 잡혀 있다. 그렇다고 위계질서가 아주 엄격한 건 아니다. 선배라고 해서 무조건 후배를 하대하거나 명령조로 이야기하지 않는다. 이를테면 나이 많은 후배와는 서로 존댓말을 쓰는 식이다.

하지만 일의 특성상 어쩔 수 없이 '군기'를 잡아야 할 때가 있다. 앞서도 말했지만 요리사의 일이라는 게 '알아서 눈치껏 해야 하는' 경우가 대부분이다. 누가 일일이 이렇게 하라고 가르쳐 주지 않는다. 음식이 만들어지는 과정을 재빨리 습득하고, 스스로 알아서 일을 취사선택해야 한다. 새내기라고 해서 바쁠 때 멀뚱멀뚱 있으면 문제가 된다. 그래서 내성적인 사람보다는 이것저것 물어보고 다니며 자기 일을 찾아내는 '푼수형 새내기'가 발전 가능성이 훨씬 높다.

"눈은 선배의 요리를 훔쳐 배우고, 귀는 선배의 이야길 듣고, 코는 냄새를 맡고, 입은 모르는 것을 물어보라."는 요리계의 격언 중 가장 중요한 부분은 아마 '모르는 것을 물어보라'가 아닌가 싶다.

새내기 시절, 지금도 주방에서 회자되는 '햄버거 사건' 말고도 참 많은 실수를 저질렀다. 한번은 이런 일도 있었다. 감자튀김을 만든다고 기름이 담긴 팬을 적당히 가열해 감자를 집어넣었는데, 알고 보니 팬에 담긴 '물질'이 식용유가 아니라 우동을 만드는 가쓰오부시 국물이었다. 감자튀김이 아니라 이상야릇한 감자국을 끓이고 만 것이다. 요리의 기초라고 할 수 있는 돌려깎기(감자나 오이 같은 채소를 깎을 때, 과일 껍질을 깎듯 둥글게 깎아 내는 것)가 뭔지 몰라서 헤맨 일도 기억에 남는다.

처음으로 '팬 돌리던'(프라이팬 요리를 하는 것) 날도 잊을 수 없다. 볶음밥을 만드는 데 밥알이 제대로 모이지 않고 여기저기 흩어져 버리는 거다. 선배들은 "지금 새 모이 주냐?"고 타박했지만 생각보다 너무너무 어려웠다. 특히 중식 팬의 경우 일반 팬보다 훨씬 크기 때문에 더욱 그렇다. 나중에야 힘으로 팬을 돌리는 것이 아니라 손목의 스냅을 이용해야 하는 것임을 알았지만, 이런 사소한 일조차 평소 집에서 하던 것과는 미세하게, 그러나 분명하게 다르다. 이것이 요리사와 일반 인의 차이점이라고 할 수 있을 것 같다.

지금도 내 왼쪽 팔목엔 화상 흉터가 여러 개 남아 있다. 모두 팬을 돌리다 덴 것이다. 요리사로서 나는 이 흉터를 훈장처럼 안고 살아가야 한다. 아직 경력이 짧은 내가 이 정도이니, 선배들의 손이 어떤지는 더 말할 필요도 없을 것이다.

지금도 어쩌다 손을 벤다. 그럴 때마다 선배들은 "야, 배고프냐? 손가락이라도 먹으려고?" 한다. 끔찍한 농담이지만, 이제 아무렇지도 않게 받아칠 수 있게 되었다. 이런 내가 대견하다고 해야 할지, 능구렁이가 됐다고 해야 할지 원.

오로지 끈기와 체력 싸움…, 장밋빛 환상은 없다

돌아보면 요리사로서 타고난 재능이나 드라마틱한 과거는 내게 없었던 것 같다. 어린 시절, 부모님이 치킨집을 운영할 때 어깨너머로 보고 배웠던 사소한 것들이 전부였다. 그래도 치킨과 함께 내는 별것 아닌 양배추 데커레이션이 참 예쁘다고 생각하며 직접 오밀조밀 꾸며 보았던 기억은 지금도 생생하다.

내가 요리사의 길을 걷게 된 데에는 고교 진학 때 조리 관련 학과를 선택한 것이 큰 계기가 됐다. 내가 나온 인천여자공고는 국내 최초의 여자 공업계 학교였는데, "여자 애가 웬 공고?"라는 편견을 딛고 과감하게 식품공업과를 선택한 나름의 용기(?)가 결국 요리사의 길을 걷게 한 것이 아닐까 싶다. 대학 진학 때 식품영양학과를 선택한 것 역시 내겐 무척 자연스러운 일이었다. 전공 공부를 좀 더 깊게 하면서, 언젠가부터 내 꿈은 요리사가 되어 있었다. 대학 실습 때 영양사로 일해 보기도 했지만, 나는 역시 요리사가 더 좋았다.

하지만 나도 이 일을 그만둘 뻔한 적이 있다. 호텔 조리사가 된 지 불과 보름만의 일이었다. 당시 우리 호텔은 개업 초기라 상당히 혼란스러웠다. 그러니 나처럼 물정 모르는 새내기로선 대체 하루 종일 뭘 해야 좋을지 막막하기만 했다. 가르쳐 주는 사람도, 지시하는 사람도 없이 나 혼자 가시방석에 앉은 듯한 나날을 보내고 있었다. 이 글을 쓰는 내내 강조한 '눈치와 요령'이 내겐 참으로 없었던 셈이다.

이러느니 차라리 그만두는 게 낫겠다 싶어 날 이곳에 추천해 준 선배에게 그만두겠다는 말을 꺼냈다. 선배는 1시간여 동안 나를 설득했고, 대화 끝에 못하겠다는 말이 다시 열심히 해 보겠다는 말로 바뀌었다. 그때 그 선배의 조언이 없었더라면 나는 아마 조금 다른 길을 걷고 있을지도 모르겠다. 지금에 와서 생각하면 오픈 초기라는 특수한 상황 탓에 나는 다른 새내기들보다 좀 더 빨리 일을 배울 수 있었던 것 같다.

세상이 변하고, 변한 세상에서 자란 신세대들이 요리사의 길을 걸으면서 이 세계에도 작은 변화들이 일어나고 있다. 지금 30대 중반인 주임님들의 경우, 자신이 쿡 헬퍼였던 10년 전만 해도 음식을 만드는 '선반'에는 얼씬도 하기 힘들었단다. 특히 경력 1년의 신참이 팬을 잡는다는 건 상상도 못할 일이었다나. 1년 내내 양파 껍질 까고, 감자 깎는 등 온갖 허드렛일을 도맡아 한 뒤에야 비로소 아주 기본적인 '사이드 요리'라도 맡을 수 있었다고 한다. 더욱이 여성의 경우에는 그 시간이 조금 더 더딜 수밖에 없었을 것이다.

지금 내 1단계 꿈은 '한식 찬모'가 되는 것이다. 한식 찬모는 한식에 따라 나오는 반찬을 총괄하는 자리이다. 현실적으로 한식 조리사 여성이 올라갈 수 있는 최고의 자리라고 할 수 있다. 일단 그 단계에 올라서야 비로소 내가 진정 원하는 것이 무엇인지 알 수 있을 것 같다.

한식 찬모를 가장 '가까운' 목표로 삼고 있지만, 내가 관심 있는 분야는 '푸드 스타일리스트'이다. 처음 호텔에서 일을 시작하면서 감탄을 금치 못했던 것은 선배들이 만드는 케이크 등의 데커레이션이었다. 모양도 모양이지만, 바쁜 와중에서도 어떻게 그런 예술적 창의성을 발휘하는지 정말 놀라웠다. 언뜻 생각하면 한식 찬모와 푸드 스타일리스트는 전혀 다른 분야일 수도 있으니 내 관심이 다소 엉뚱해 보일 수도 있다. 하지만 한식이 세계적인 음식으로 성장하는 데 가장 중요한 것이 어쩌면 '데커레이션'이 아닐까.

요리사가 되고자 하는 후배들 중엔 TV와 같은 대중매체에서 다뤄지는 요리사의 모습에서 어떤 감동을 받거나 동기 부여된 이들이 적지 않다. TV에 등장하는 요리사의 모습은 내가 봐도 참으로 환상적이다. 시간에 구애되지 않고 자유롭게 데이트를 하고, 심지어 그 바쁜 주말에 어디론가 훌쩍 여행을 떠나기도 한다. 진짜 요리사의 생활을 한참 모르는 이야기다. 내 주변에도 수많은 동료와 선후배들이 중도에 요리사의 길을 포기하고 말았다. 왜냐고? 누차 강조했지만 이건 끈기와 체력의 싸움이기 때문이다. TV 드라마처럼 짜릿한 해프닝이 일어나는 것도 아니고, 노동 강도가 '널널'한 것도 아니다. 그러나 처음 몇 개월간의 힘겨움만 이겨 낸다면, 언제고 그것을 잊게 해 줄 만한 달콤한 열매를 따게 되리라는 점을 '선배로서' 꼭 말해 두고 싶다.

나는 한식과 양식 조리사 자격증을 다 갖고 있다. 고등학교 2학년 때 한식 조리사 자격증을 땄고, 회사를 다니면서 양식 조리사 자격증을 땄다. 요리사가 되는 데 조리사 자격증이 꼭 있어야 하는 건 아니지만, 요즘엔 거의 '필수적인' 자격 요건이 되어 가고 있다. 특히 호텔처럼 규모 있는 곳에서는 더욱 그렇다. 이를테면 운전면허가 없어도 자동차 운전은 할 수 있지만, 차를 몰고 거리로 나갈 수는 없는 것과 마찬가지라고 할까. 그러니 지금부터라도 틈틈이 조리사 자격증 취득 준비를 하는 것은 좀 더 빨리 정식 요리사가 되고픈 이들에게 꼭 필요하다.

외국어 실력도 점점 중요시되고 있다. 일류 호텔이나 공항 내에 입점한 레스토랑에서 일하는 경우엔 더하다. 외국인들의 경우 입맛이 까다로운 사람이 많다. 어떤 이는 아예 스파게티 소스의 레시피를 건네며 똑같이 해 달라고 요구하기도 하고, 어떤 일본인 고객은 올 때마다 스파게티 소스에 계란을 풀어 달라고 하기도 한다. 대부분 손님의 요구를 수용하지만, 피치 못할 경우 요리사가 직접 나가서 '왜 안 되는지' 설명해야만 손님이 납득하는 경우가 많다. 요즘 호텔 조리사 채용 시험에서 영어는 거의 필수이므로 좀 더 나은 조건에서 요리사 생활을 시작하고 싶다면 외국어 공부도 필수인 셈이다.

힘으로 일하느냐 머리로 일하느냐

요리사는 슬럼프에 빠지기 쉬운 직종이기도 하다. 보통 1년에 한 번꼴로 이 일이 너무너무 하기 싫어질 때가 있다. 출근해서 퇴근할 때까지 음식 재료 준비하고, 요리 만들고, 주방 정리·정돈하는 똑같은 일을 매일 반복하다 보면 반드시 슬럼프를 겪을 수밖에 없다. 더욱이 나는 공항에서 일하는 탓에 해외여행을 떠나는 이들을 볼 때마다 덩달아 마음이 심란해질 때가 많다.

그럴 때 나를 추스르는 유일한 방법은 '나는 아직 배우고 있는 중'이라는 자기 암시다. 아직 길고 긴 요리사의 길에서 이제 겨우 '문턱' 밖에 오지 않았다는 미래에 대한 기대감 같은 것. 스스로 나만의 요리를 창조하고, 그 요리를 맛보는 이들에게 기쁨을 주는 진짜 요리사의 길은 아직 멀었다고 나를 담금질한다.

나는 원래 머리 쓰는 일을 싫어한다. 대학 실습 때 영양사로 잠깐 일하면서 가장 괴로웠던 것이 날마다 식단을 짜고, 그에 따른 칼로리를 계산하는 일이었다. 머리 쓰는 게 싫어서 요리사를 택했는데, 이 길을 가면 갈수록 더욱 '머리 쓸 일'만 늘어난다. 자고 나면 새로운 요리가 탄생하고, 동서양을 아우르는 퓨전 요리들이 사람들의 관심을 끄는 것을 보면 머리가 지끈거린다.

어쩌면 새내기 요리사와 진짜(?) 요리사는 힘으로 일하느냐, 머리로 일하느냐로 구분할 수 있을지도 모르겠다. 힘과 체력이 없으면 요리사의 길에 들어서기 어렵지만, 머리를 쓰지 않으면 진짜 요리사가 되기 힘들다. 주어진 레시피에 따라 그저 천편일률적인 음식을 '제조'하기만 하는 요리사에겐 미래가 없다.

맨 처음 요리사로서 칼을 잡았을 때 나는 힘조차 없는 연약한 여자에 불과했다. 하지만 손가락의 상처가 조금씩 아물어 가듯 요리사 장미영도 그렇게 여물어 가고 있다고 믿는다. 아직은 먼 '진짜 요리사'의 길을 걷기 위해 '안 좋은' 머리를 쥐어짜며 나는 오늘도 칼을 잡는다.

(구술 정리 : 이오성)

빵은 또 다른 나,
빵으로 나를 표현한다

| 김소정 |

1978년생. 1999년 서일대학 식품가공학과를 졸업했다. 약 5년간 무역회사 직원, 콜센터 상담원으로 일하다 제빵사의 꿈을 이루고자 과감히 회사를 그만두었다. 2004년 말 뚜레쥬르 제빵 훈련원을 수료하고 2005년 부터 뚜레쥬르 선릉점에서 제빵기사로 일하고 있다.

"네 꿈은 뭐니?"

어린 시절 누군가 내게 물었다.

"내 꿈은 '김소정 베이커리' 예요."

나는 당차고 씩씩하게 대답하곤 했다.

그 꿈은 여전히 유효하며, 하루 12시간 노동을 견디는 데 든든한 버팀목이 된다.

꿈을 이루기 위한 길은 멀고 험하다고 했던가. 나 역시 그랬다. 내 꿈을 향한 발걸음은 느리기만 했고, 참으로 힘든 길을 돌아가야 했다. 식품가공학과에 진학한 나는 넉넉지 않은 가정 형편 때문에 학업에만 매진할 수 없었다. 공부와 아르바이트를 병행하느라 늘 바빴다. 자주 휴학을 하고 백화점 판매 사원으로 일하며 학비를 벌었다. 전공 공부만

하기에도 벅찬 생활이었다.

하지만 마음 한구석에는 늘 제빵 공부를 하고 싶은 바람이 있었다. 우선 제빵 학원에 다녀야겠다고 결심했다. 문제는 학원비 마련. 새벽엔 신문 배달, 오전엔 커피숍 서빙, 오후엔 소주방 아르바이트까지 이를 악물고 부지런히 뛰었다. 마침내 150만 원의 돈을 모았다. 그러나 이 돈은 제빵 학원 학원비로 쓰이지 못하고, 결국 부모님의 손에 건네졌다. 제빵사를 향한 발걸음은 그렇게 멈추는 듯했다.

늦은 선택, 멀리 돌아온 길

휴학과 복학을 반복하며 어렵게 학교를 졸업했건만, 나는 다시 취업이라는 난관에 부딪쳤다. 통조림, 병조림 등을 배우는 식품가공학을 전공한 내가 당시 취업할 수 있는 곳이라곤 공장밖에 없었다. 1999년 나는 전공과 무관하게 무역회사에 입사했다. 3년간 이곳에서 일하다 2002년 모 기업체 콜센터 상담원으로 취업해 또 2년을 보냈다. 비록 내 꿈과 무관한 일을 하고 있지만 언젠가는 꼭 제빵사가 되리라 다짐하며 그렇게 5년을 견뎠다.

그러던 어느 날, 꾹꾹 눌러 왔던 꿈이 주체할 수 없을 만큼 자라고 있음을 깨달았다. '회사 생활을 접자! 내 꿈을 향해 나아가자!' 나는 참으로 용감하게 (다른 사람이 보기엔 무모하게) 사직서를 냈다. 스물일곱이라는 나이에 내린 결단, 어찌 보면 늦은 선택이었다. 두려웠다. 하지만 내게는 꿈과 열정이 있었기에 두려움에 당당히 맞섰다.

제빵사가 되기 위한 길을 찾기 시작했다. 이곳저곳 학원을 알아보

:: 김소정 씨가 만든 케이크.

던 중 흥미로운 정보를 얻었다. 노동부가 지원하는 뚜레쥬르 제빵 훈련원에서 사람을 뽑는다는 것이었다. 학원비도 들지 않고, 한 달에 5만 원씩 교통비까지 나온단다. 뜻이 있는 곳에 길이 있다더니 나를 위해 마련된 자리 같았다. 곧바로 이력서를 넣었다. 어쩐지 꼭 뽑힐 것 같았다. 그 기분 좋은 예감이 적중해 나는 30명의 훈련생 중 한 사람으로 선택되었다.

3개월간의 훈련이 시작되었다. 아침 9시부터 저녁 6시까지 하루 8시간의 강행군이었다. 수업은 이론과 실습으로 나뉘어 행해졌다. 첫 달엔 밀가루, 설탕, 우유 등 빵 재료에 대한 공부를 했다. 수시로 쪽지 시험을 보았기에 아침저녁 타고 다니는 지하철이 내 공부방이 되었다. 둘째 달엔 식빵 반죽을 시작으로 빵을 굽고, 스패츄라(크림이나 토핑 반죽 등을 바를 때 쓰는 제빵 기구)를 쥐고 케이크를 만들었다. 셋째 달엔 그동안의 수업 내용을 복습하는 한편, 100가지 반죽 재료에 따라 각기 다른 빵을 만들어야 했다.

훈련원에 다니는 동안 나는 오로지 제빵사가 되어야겠다는 생각뿐이었다. 언제나 빵 만드는 데 골몰해 있는 나는 어느새 '튀는' 사람이 되어 있었다. 훈련원 동기들은 그런 나를 곱게 보지 않았다. 그 때문에 마음고생도 했지만 그런 건 중요한 게 아니었다. 제빵 공부 아닌 다른 것에 눈 돌리고 이것저것 생각할 겨를이 없었던 것이다.

건방지게 들릴지도 모르지만, '나는 선택 받은 사람'이라고 생각했다. 동기들은 대개 나이가 어린 사람들이거나 제과점 창업을 위해 온 사람들이었다. 시간적으로나 경제적으로 여유 있는 그들에게는 숨 돌릴 틈이 있었을지 모른다. 하지만 나는 아니었다. 결코 짧지 않은 시간을 돌고 돌아, 가슴에 품고 있던 꿈의 싹을 이제 겨우 틔웠기에 더욱 그러했다. 훈련원에서의 하루하루가 정말 소중했다. (다행히 지금은 그때의 동기들도 나를 이해하고 가끔 전화 통화를 하며 마음을 주고받는다.)

3개월 뒤 훈련생 중 가장 좋은 성적을 받고, 뚜레쥬르 선릉점에 실습을 나갔다. 하루 일과가 끝나면 실습 일지에 그날 겪은 일을 시시콜콜하게 기록했다. 아무리 피곤해도 실습 일지는 하루도 거르지 않았다. 궁금한 것도 많았고 배울 것도 많았기에 힘든 것도 몰랐다.

2개월간의 실습을 마친 뒤, 실습을 한 바로 그 '뚜레쥬르 선릉점'에 정식 발령을 받았다. '제빵사'라는 타이틀과 함께 새로운 삶이 열린 것이다.

'맛있다'는 그 달콤한 말에

새벽 4시 50분, 버스에 몸을 싣는다. 찬 공기를 맞으며 하루를 여는 사람들의 얼굴에는 지난밤 미처 떨치지 못한 피로의 기색이 역력하다. 내 표정도 저럴까? 나는 고개를 흔들며 밝은 마음을 가지려고 노력한다. 비록 몸은 지치고 힘들지만, 마음만은 행복하기에 웃을 수 있다.

5시 40분 매장 도착. 아침 7시 '모닝 뷔페'에 낼 빵을 굽는다. 졸음과 싸우며 만든 따끈따끈한 빵이 매장에 가지런히 진열된다. 어떤 날은 빵이 꼭 웃는 것 같다. 그런 날은 신기하게도 매출이 좋다. '웃고 있는 빵'을 맛있게 먹는 손님들, 그 얼굴에 번지는 행복한 미소는 그 무엇에도 비할 수 없는 큰 보람이다.

저녁 7시, 퇴근이 임박한 시간, 날벼락이 떨어졌다.

"기사님, 내일 아침 빵 200개 주문 있어요!"

새벽부터 일에 밀려 하루 종일 숨 돌릴 틈도 없었는데, 정말 녹초가 다 됐는데… 비명이 절로 나왔다.

"안 돼요! 더는 못해요!"

"미술관 아이들이 기사님이 만든 빵이 제일 맛있다는데요."

내가 만든 빵이 제일 맛있다는 말에 또 넘어간다. '맛있다'는 달콤한 말에 밤늦은 시간까지 빵을 굽는다. 늘 그랬다. 아무리 힘들어도 누군가 내가 만든 빵이 맛있다고 하면, 신기하게도 또다시 에너지가 샘솟는다.

내가 일하는 매장에, 언제부터인지 모르지만 거의 매일 빵을 사 가는 단골손님이 있었다. 그 손님은 빵을 맛있게 먹는 데 그치지 않고 뚜레쥬르 가맹점을 냈다. 그런데 자신의 가게 제빵기사들에게 선릉역 빵

:: 제빵 훈련원 시절 맨 처음 만든 생크림 케이크를 들고 있는 김소정 씨.

이랑 똑같이 만들라고 요구했다고 한다. 급기야 그곳의 경력 많은 제빵 기사 분이 내가 일하는 곳으로 실습까지 나왔다. 그 기사님들에게는 귀찮고 자존심 상하는 일이었겠지만, 우리에게는 엄청나게 자랑스러운 일이었다.

물론 일을 하면서 이렇게 좋은 일만 있는 건 아니다.

하루는 '성형'(빵의 종류에 따라 그 모양대로 반죽을 만드는 것)한 반죽을 오븐에 넣었는데, 아무리 기다려도 반죽 색깔이 변하지 않았다. 어쩔 줄 몰라 쩔쩔매고 있는데, 생산 매니저님이 한마디 했다.

"반죽 색이 변하지 않는 이유는 딱 하나! 설탕을 넣지 않았군!"

'아차차!'

그렇게 70개의 빵이 폐기 처분됐다. 실습생 앞에서 단단히 창피를 당하는 순간이었다. 내가 정신을 똑바로 차리고 설탕만 넣었으면 멀쩡하게 매장에 낼 수 있는 빵이었다. 정말이지 '눈물 젖은 빵'인 셈이다.

그날의 실수를 나는 지금도 또렷이 기억한다. 제빵사에겐 그 이름의 무게만큼 어떤 실수도 용납되지 않는다. 신입 시절에는 재료 준비가 철저하지 못하다, 빵 굽는 온도가 적당하지 않다 등 선배들로부터 수시로 따끔한 지적을 받았다. 이런 지적을 받을 때마다 눈물을 쏟은 적이 한두 번이 아니었고, 심지어는 냉장고 문을 연 채 엉엉 운 적도 여러 번이었다. 그러나 이러한 실수는 다시 한 번 내 자신을 돌아보는 계기가 되었고, 그때마다 초심을 잃지 말자고 마음을 다잡았다.

제빵은 내 꿈이자 희망이었지만 한때 슬럼프에 빠진 적도 있다. 제빵 일은 정말 상상을 초월하는 체력과 정신력을 요구했다. 몸은 지치고 여가 시간은 턱없이 부족했다. 휴일이면 밀린 잠을 자기에 바빴다. 설탕 공예나 초콜릿 공예에도 관심이 있었지만 배울 엄두조차 내지 못했다. 한마디로 자기 계발 할 시간이 없었다. 엎친 데 덮친 격으로 남자 친구마저 일에 바쁜 나를 못마땅해하며 떠나 버리고 말았다. 그런 현실을 받아들이는 게 쉽지 않았다. 하지만 빵에 대한 열정이 다시 나를 일으켜 세웠다.

한 달에 4~6일 있는 휴일이면 서울 시내 빵집을 돌아다닌다. 특히 개업한 빵집, 맛있다고 소문난 빵집엔 꼭 들른다. 나는 아직 맛만 보고 이 빵은 어찌어찌 만들었다고 말할 수 있는 실력을 갖추지 못했다. 그러나 빵을 맛보며 '어떻게 만들었을까?' 생각하고 또 생각한다. 끊임없이 스스로에게 이러한 질문을 던지는 것이야말로 실력을 키우는 데 빼놓을 수 없는 과정이기 때문이다.

손님들은 간혹 "이 빵은 어떤 맛이 나요?"라고 묻는다. 그 물음에 만족스런 대답을 하기 위해서는 맛을 정확히 그려 내야 한다. 그러니 맛을 느끼고 표현하는 훈련 또한 끊임없이 해야 한다.

'삼순이' 같은 파티쉐는 없다!

"이렇게 많은 걸 오늘 다 해야 돼요?"

"아파서 못 나가겠어요."

일을 배우러 오는 후배 실습생들이 가장 많이 하는 말이다. 드라마 때문인지 요즘은 제빵 일에 '환상'을 갖고 덤벼드는 사람들이 많다. 드라마 속 제빵사는 내가 봐도 환상적이다. 쾌적한 작업장에서 마치 요술쟁이처럼 크게 힘들이지 않고 뚝딱뚝딱 빵을 만들어 낸다. 멋진 애인과 데이트할 시간도 넉넉하다. 사람들은 동경의 눈으로 제빵사를 본다. 드라마 속의 주인공처럼 제빵사가 되어 멋진 애인도 만나고 예쁜 케이크도 척척 만들고 싶어 한다. 아니, 그럴 수 있을 거라고 착각한다.

현실은 텔레비전 드라마와는 엄연히 다르다. 이 일은 상상을 초월하는 체력을 요구한다. 제빵사에게는 품위 있는 작업 공간도, 애인 만날 시간도 여의치 않다. 제빵 일을 시작한 동료, 선후배들이 애인과 헤어지는 경우도 종종 보았다. 나 역시 그랬고…. 나는 이미 가족들에게 "빵과 결혼할 거예요!"라고 선언했다. 부모님은 철없는 소리 한다고 혀를 끌끌 차시지만, 지금 내게 결혼은 큰 의미가 없다. 하고 싶은 일, 해야 할 일이 너무 많다.

단순히 취업이 여의치 않다거나 제빵에 대한 환상으로 이 일에 덤벼드는 건 위험하다. 이는 진심으로 제빵 일을 원하는 사람들의 자리를 빼앗는 것이나 다름없다고 나는 생각한다.

나는 실습생들에게 매우 엄격한 편이다. 나 또한 실습 과정을 거쳤기에 그 기간 동안 선배들로부터 배우고 얻어야 할 것이 많음을 잘 알기 때문이다. 별 각오 없이 막연한 환상으로 이 일을 시작한 사람들은 금세 지친다. 나는 그들에게 야박하게 말한다.

"비장한 각오가 없다면 그냥 집에 가세요."

실습생의 기본은 배우는 자세이다. 메모와 복습은 필수이며, 자신이 '완벽하지 않다'는 것을 전제로 선배들에게 끊임없이 질문을 해야 한다. 긍정적이고 적극적인 사람만이 하나라도 더 얻을 수 있다.

또 하루아침에 무엇인가를 이루려는 성급함을 버리고 매일매일 조금씩 알아 가려는 자세를 갖는 것이 좋다. '곧 내 손으로 근사한 케이크며 바게트를 만들어야지.'라고 생각한다면 그만큼 인내심을 갖고 노력해야 한다. 인내와 노력 없이 저절로 제빵사가 되리라고 기대하는 사람들에겐 기회가 없다. 실습 기간 내내 청소만 하거나 양상추만 씻거나 반죽만 해야 하리라.

제빵사가 되려는 사람들 중에는 유학을 가야 하는 게 아닌가 묻는 사람도 있다. 실제로 최근에는 일본이나 프랑스로 유학을 가려는 사람들이 많다. 그러나 유학이 전부는 아니라고 나는 생각한다. 문제는 열정이다. 어떠한 자세로 공부하고, 얼마나 성실하게 자신의 터를 닦느냐가 중요하다.

제빵사의 급여는 많은 편이 아니다. 1, 2년차의 경우 월 100만 원쯤 받고 3, 4년차는 140~150만 원쯤 받는다. 실력을 인정받으면 그보다 좋은 대우를 받을 수 있으며 자신의 매장을 낼 수도 있다. 그러니 실력을 쌓는 게 우선이다.

여성의 경우엔 이 일이 체력적으로 매우 힘들다. 그러니 스스로에게 이 일을 얼마나 좋아하고 얼마만큼 열정이 있는지 반문하고, 내면의 솔직한 답변을 들어야 한다. 다른 직업도 마찬가지이겠지만 제빵사는 건강을 비롯한 자기 관리가 철저해야 한다. 나는 다른 사람의 눈을 의

식하지 않고 일하는 틈틈이 스트레칭을 한다. 일을 마치고 집에 오면 아무리 피곤하고 귀찮아도 뜨거운 물로 발을 찜질하는 것도 잊지 않는다. '그날의 피로를 그날에 풀지 못하면' 악순환의 연속일 뿐이다.

빵은 정직하다

빵은 정직하다. 오븐 앞에서 깜빡 졸면 빵은 새까맣게 타 버리고 만다. 또 대충대충 '성형' 해서 겉만 그럴듯하게 만들면 빵은 오븐 안에서 터져 버린다. 제빵사의 일도 그렇다. 30분 지각하면 일은 30분 이상 늦게 끝나거나 식사 시간을 거르게 된다.

"빵은 정직하다."는 말은 곧 제빵사의 자세가 어떠해야 하는지 가르쳐 준다. 그렇다. 제빵사는 정직해야 한다. 누군가 내가 만든 빵을 먹는다는 사실을 잊지 말아야 한다.

무생물인 이스트에 최적의 습도와 온도를 주어 빵을 만들어 내는 것, 그것이 제빵이다. 조금이라도 적절치 못한 습도와 온도에서는 맛있는 빵을 기대하기 어렵다. 제빵사에게 빵은 곧 '또 다른 나' 이다. '빵' 을 통해 손님들에게 제빵사인 '나' 를 보여 주고, '빵' 을 통해 대화한다. 그러니 제빵사인 내 머릿속에 오로지 빵 생각밖에 없는 게 당연하지 않은가. 나는 천 원짜리 빵도 이천 원을 주고 사 먹고 싶은 빵, 제 값 주고 사 먹기에 아깝지 않은 빵, 그리고 건강한 빵을 만들고 싶다. 서른 살이 되면 일본이나 호주로 유학을 갈 계획이다. 유학파라는 이름을 얻기 위해서가 아니라 좀 더 깊이 빵에 대한 공부를 하고 싶어서다.

지난해 인기 있던 드라마 〈내 이름은 김삼순〉 때문일까? 취업난이 심각해서일까? 요즘은 제과제빵에 대한 사람들의 관심이 아주 높다. 파티쉐(Patissier)라는 말이 사람들의 입에 자주 오르내리니 말이다. 나는 진정한 파티쉐는 '맛을 창조하는 사람'이라고 생각한다. 어떤 사람이 "짭짤하고 신맛이 나면서도 달콤한 빵을 먹고 싶다."고 했다 치자. 그런 '있을 것 같지 않은' '엉터리 같은 맛'을 만들어 내는 사람이 진정 파티쉐가 아닐까? 나는 진정한 파티쉐가 되고 싶다.

어릴 때부터 노래처럼 불러 온 꿈을 이루기 위해 나는 온 힘을 다할 것이다. 마흔이 되면, '김소정 베이커리'를 오픈하리라. 그때가 되면, 열정은 가득하지만 경제적인 이유로 어려움을 겪고 있는 젊은이들에게도 기회를 주고 싶다.

내 팔 여기저기엔 뜨거운 오븐에서 데인 자국이 문신처럼 남아 있다. 그 거뭇거뭇한 자국들이 언젠가는 그 어떤 훈장보다 명예롭고 값지게 되리라. 오늘도 나는 어제의 고단함으로 빵처럼 부풀어 오른발을 힘차게 내딛는다. 그리고 환하게 웃는다.

(구술 정리 : 이오성)

제과제빵사가 되는 길은 여러 가지가 있다.

우선 전문 사설학원의 제과제빵 훈련 과정을 이수하는 것이다. 보통 6개월의 자격증 취득 과정과 1년의 전문 과정이 개설되어 있다. 대략 월 20~30만 원 정도의 수강료를 받는다. 1년 과정의 한국제과고등기술학교에 입학하면 졸업 후 제과제빵사 자격 시험에서 필기 시험을 면제 받을 수 있다. 취업 준비 중인 일반인이라면 제과기업에서 운영 중인 직업 훈련원에 들어가면 수강료 등을 면제 받을 수 있다. 그런데 직업 훈련원 경쟁률이 점차 높아지는 추세이다.

대학의 제과제빵학과에 진학하는 방법도 있다. 2년제 대학을 중심으로 제과제빵 관련 학과가 개설돼 있다. 같은 조건이라면 업체들은 보통 대졸자를 선호한다. 호텔 등에서 일하고 싶다면 대학을 마친 뒤 프랑스나 일본 등으로 유학을 다녀오는 게 유리하다.

직접 제과점을 경영하고자 한다면, 프렌차이즈 업체나 자영 제과점에서 어느 정도 경력과 기술을 쌓는 것이 유리하다.

관련 자격증으로는 제과기능장, 제과기능사, 제빵기능사가 있다. 모두 국가자격증이다. 제과점 개업이나 취업에 필수적인 것은 아니지만, 제과 회사나 제과점 등에선 자격증을 가진 사람을 우선 채용하는 추세이므로 자격증을 취득해 놓는 것이 좋다. 제과제빵사가 되려면 제빵 필기 시험과 실기 시험, 그리고 제과 실기 시험에 합격해야 한다. 그리고 제빵사 자격증만 따려면 제빵 필기·실기 시험을, 제과사 자격증만 따려면 제과 필기·실기 시험을 보아 합격해야 한다.

제과제빵 자격증 시험 개요

① 시 행 처 : 한국산업인력공단 (02-3271-9190~1)

② 관련학과 : 농업계 고등학교 식품가공학과 등

③ 시험과목

　　- 필기 : 1. 제조이론 2. 재료과학 3. 영양학 4. 식품위생학

　　- 실기 : 제과 작업, 제빵 작업

④ 검정방법

　　- 필기 : 객관식 사지택일형, 60문항(60분)

　　- 실기 : 작업형(2~4시간 정도)

⑤ 합격기준 : 100점 만점에 60점 이상

⑥ 응시자격 : 제한 없음

2장

다양한 요리사의 세계

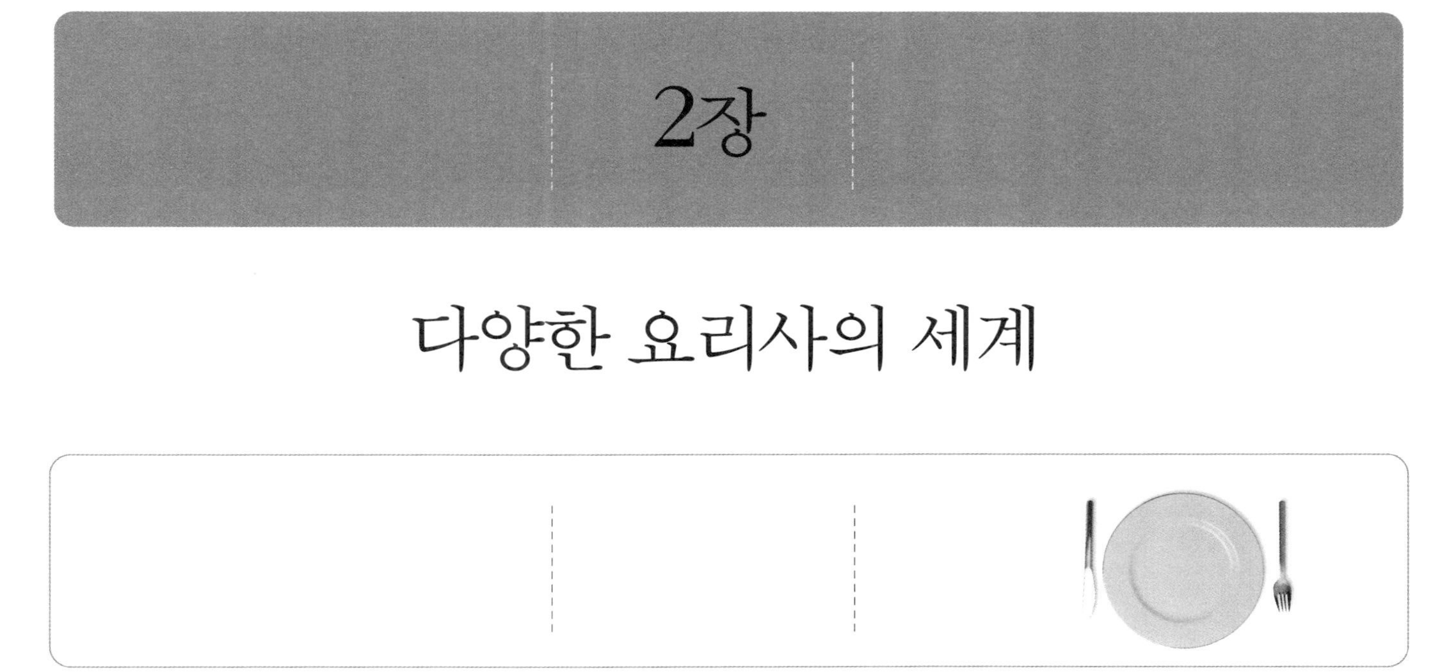

우리 음식 만드는
'우리 것' 근본주의자

| 한영용 |

1969년생. 경희호텔전문대 조리학과를 졸업하고 연세대 생활환경대학원을 졸업했다. 신라호텔 한식당에서 5년간 일했으며, 현재 운영 중인 한정식집 '큰기와집'과 우리 차·다과 전문점 '한상'을 통해 맛깔 난 남도 밥상과 아름다운 혼례 음식을 선보이고 있다. 1998년 '광주 김치 대축제' 대상 수상 등 각종 요리경연대회를 휩쓸어 한식계의 젊은 명인으로 불린다. 세계반부패회의 '단오선 하례' 고증 및 감독, 세계박물관대회 폐회 만찬 총연출 등 유수 행사의 요리 고증 및 감독으로 활약하고 있다.

오늘도 어김없이 아침 6시에 눈을 뜬다. 일어나자마자 요가로 하루를 시작한다. 내게 있어 요가는 빠뜨릴 수 없는 하루 일과다. 요가는 자는 동안 느려졌던 내 신체에 생기를 불어넣는다. 호원대학 요가학회 학회장을 맡으면서 내 요가 사랑은 더욱 깊어졌다. 1시간 정도 요가를 한 후 집 근처 삼청공원을 빠르게 걷는다. 지저귀는 새소리를 들으면서 팔다리를 힘차게 휘저으며 걷다 보면, 어느새 호흡이 가빠지고 이마에 땀이 송글송글 맺힌다. 요가로 몸을 깨우고 유산소 운동으로 온몸의 혈액을 순환시키면, 마침내 나 역시 새처럼 지저귀게 된다.

글 시작부터 요가니, 운동이니 하는 게 이상할 수도 있겠다. 하지만 이건 생뚱맞은 이야기가 아니다. 몸이 건강해야 음식을 잘 만들 수 있기에 하는 얘기다. 이것이 우주의 섭리다. 나는 틈만 나면 사람들에게 우주의 기운을 이해하는 것이 중요하다고 말한다. 김치만 해도 그렇다. 겨우내 맛있던 김치가 입춘만 지나면 거짓말처럼 맛이 떨어지는 까닭이 뭘까. 그걸 이해하는 게 바로 우주의 섭리를 이해하는 것이다.

무를 예로 들어보자. 왜 겨울 무를 동삼(冬蔘)이라고 하는가? 겨우내 추운 날씨와 싸우며 땅과 하늘의 기운을 받아 영양분이 듬뿍 들어 있기 때문이다. 그러나 여름 무는 전혀 다르다. 알싸하고 사각사각한 무 특유의 향과 질감이 떨어지고 물도 많이 머금고 있다. 따라서 여름 무로 김치를 담글 땐 소금의 양을 늘려야 한다. 같은 무라도 어느 계절에 수확하느냐에 따라 재료 상태도, 조리법도 큰 차이가 있다.

이런 이치를 알려면 농사를 알아야 하고, 농사를 알려면 자연을 알아야 한다. 옛날엔 자연의 변화를 이해하는 것이 곧 사람을 다스리는 핵심이었다. 중국 요순 시대에 요리사가 재상을 지낸 것도 요리사는 곧 농사와 자연의 근본을 아는 사람이라고 생각했기 때문이다.

요리를 배울 때도 '발효' 과정이 필요하다

말레이시아에서 열린 세계음식축제에 한국 대표로 나갔을 때 일이다. 토란을 재료로 쓸 수 있을까 싶어 알아보니 말레이시아에도 토란이 있단다. 그런데 막상 토란을 구하고 보니 크기가 늙은 호박만 했다. 종자가 달라서가 아니다. 우리나라 토란 씨를 그곳에 심으면 그렇게 되는 것이다.

내가 놀란 건 영양학 교수들조차 똑같은 채소와 과일이 다른 기후, 다른 토양에선 어떻게 변하는지 모른다는 것이었다. 똑같은 씨라도 북쪽으로 가면 탱자가 되고 남쪽으로 가면 귤이 되는 것 아닌가. 단지 모양뿐 아니라 무기질이나 비타민 C 함량 등의 성분까지도 바뀐다.

우리 음식을 서양식 레시피처럼 명쾌하게 설명할 수 없는 까닭이 여기에 있다. 우리나라 음식의 경우 유달리 '도제 교육'(일정한 분야의 전문적 기능을 가진 스승 밑에서 그 분야의 지식과 기술을 전수 받기 위하여 견습 생활을 하면서 배우는 제도)의 성격이 강했다. 한 스승을 정하면, 혹은 스승이 제자로 받아들이면 스승을 따라다니며 모든 것을 어깨너머로 배우고 익히는 것이다. 기상 시간, 취침 시간은 물론이고 심지어 밥 먹는 것과 배설하는 것까지 스승을 따라하곤 했다. 단순 기술뿐 아니라 삶과 생활을 따르고 익혀야 비로소 스승의 내공을 익힐 수 있다고 믿었기 때문이다. 그러니 우리 음식의 레시피는 곧 생활 그 자체라고 할 수 있다. 우리 음식만 발효 과정을 거치는 것이 아니라, 우리 음식 만드는 걸 배우는 데에도 발효 과정을 거치는 셈이다.

언젠가 한 젊은이가 나를 찾아와 음식 만드는 걸 배우고 싶다고 했다. 나는 여러 소리 하지 않고 뒷마당에서 고들빼기를 다듬으라고만 했다. 며칠이 지나자 불만이 터져 나왔다. 자기가 허드렛일 하러 온 사람이냐며 돌아가겠다고 했다. 두말 않고 보내 주었다.

적어도 나는 결코 그런 사람을 제자로 받아들일 수 없다. 주방에서 칼 잡는 순간만 요리하는 게 아니고 상에 오른 음식만이 요리의 결과물이 아니다. 이 상차림을 위해 누군가는 힘들게 절구를 찧었을 것이고, 또 다른 누군가는 밤새 나물을 다듬었을 것이다. 그런 과정을 겪지 않고서 어떻게 조리사가 되겠다는 말인지. 고들빼기김치 하나를 담을 때도, 마당에서 떡방아를 찧을 때도 그냥 되고 그냥 하는 것이 아니다. 수십 년, 아니 수백 년씩 쌓아 온 장인들의 노하우를 배우기 위해선 적어도 1년 사계절을 온몸으로 지켜볼 수 있는 인내가 필요하다. 날씨를 감안하고 계절을 섬세하게 고려해야 맛이 나는 법인데, 나는 이를 속성으로 가르칠 재주가 없으며, 사계절의 변화조차 참아 내지 못하는 사람에게는 가르쳐 줄 것도 없다.

우리 음식의 핵심은 발효다. 우리 음식 모두가 100퍼센트 발효 음식이라고 해도 과언이 아니다. 김치, 된장, 간장, 젓갈뿐만이 아니다. 하다못해 나물을 무쳐도 된장과 간장으로 무치지 않는가. 서양엔 5미(쓴맛, 단맛, 신맛, 짠맛, 매운맛)가 있지만, 우리는 발효까지 더해져 6미가 있는 셈이다.

발효란 무엇인가. 시간과 정성뿐 아니라 자연의 섭리를 이해하는 것이다. 흔히 '자연이 만들어 낸 맛'이라고 하는 것도 그 때문이다. 그래서 우리나라의 음식 문화에는 레시피를 남기는 문화가 없다. 발효를 이해하지 못하는 사람은 이 말 역시 이해하지 못할 것이다. 눈에 보이는 것만 믿기 때문이다.

조상들이 예로부터 된장, 고추장을 담글 때에 악한 귀신이 움직이지 않는 '손 없는 날'을 택한 것은 자연의 섭리에 대한 믿음이 있었기 때문이다. 물론 자연의 섭리를 이해한 것이 꼭 우리 민족만은 아니었겠지만, 우리 민족만큼 자연과 우주의 이치를 올곧게 깨닫고 이를 생활에 잘 접목한 민족은 없다고 단언할 수 있다. 이런 나를 두고 어떤 사람들은 우리 것만 최고라고 고집하는 '우리 것 근본주의자'라고 부른다. 친한 벗 한 사람은 자칫하면 매너리즘으로 빠질 수 있다고 조언하기도 한다. 그러나 내 소신에는 변함이 없다.

어머니에게 전수 받은 장맛

"아니, 이 집 게장은 한 마리를 다 먹어도 짠 줄 모르겠어요."

우리 집에 오는 손님들마다 하는 소리이다. 짜지 않으면서도 깊은 맛이 담겨 있다는 칭찬이다. 나로선 고마운 이야기이지만, 이 비결을 말로 다 설명할 수는 없다. 우리 집 뒷마당에 줄줄이 늘어선 장독의 뚜껑을 열어 봐야 비로소 고개가 끄덕여질 것이다. 그 비결을 묻는 이들의 질문에 나는 이렇게 답한다.

"수백 년 동안 전해 내려오는 집안의 장맛이 비결입니다."

내가 어디에선가 털어놓은 우리 집 게장 맛의 비결은 대략 이렇다. 우선 7년 동안 숙성시킨 간장을 사용한다. 적어도 7년은 돼야 불순물이 빠지면서 해로운 짠맛과 '잔맛'(잡스러운 맛)이 없는 조선간장이 된다. 피마자 잎과 함께 매생이(해초의 일종)를 간장게장에 넣는 것도 특징이다. 피마자 잎은 해독 작용을 하고 매생이는 풍부한 영양을 공급한다. 여기에 약재를 더해 적당한 시간 동안 달인다. 이때 게에서 나오는 수분 때문에 맛이 싱거워지므로 간장을 더 부어 주는 과정을 일곱 차례 반복한다.

다음으로 중요한 것은 게다. 나는 서산 꽃게를 쓴다. (참게로 담근 게장이 맛이 없다는 뜻은 아니다. 지난 가을 임진강 쪽에 가서 참게장을 먹은 적이 있는데, 다만 별로 먹을 게 없었다.) 몸체가 선명하고 색이 밝고 다리가 떨어지지 않고 눈이 살아 있어야 좋은 꽃게다. 게 몸체 뚜껑 변두리 부분이 선홍색인 것은 알이 찼다는 증거다. 게는 죽기 전에 칼을 대면 맛이 떨어진다. 그래서 살아 있는 게를 간장에 담그고 죽을 때까지 기다린 뒤 다리를 손질한다.

:: 짜지 않으면서도 깊은 맛이 있다고 칭찬을 받는 한영용 씨의 간장게장.

우리 집에서는 양념게장은 만들지 않는다. 나는 간장게장과 양념게장을 같은 차원으로 취급하지 않으며 양념게장은 진정한 게장이 아니라고 생각한다.

또한 나는 내가 담근 간장만이 최고라고 생각하지 않는다. 나는 집집마다 장맛이 다르듯 자신의 장은 자신의 색깔을 드러내는 것이라는 데에 만족한다. 다만 직접 장을 담그는 집들이 점점 더 사라져 가기 때문에 내 것이 돋보이는 것이고, 그것이 안타까울 따름이다.

장맛을 내게 전수해 준 사람은 어머니이다. 어머니는 나주 대갓집에서도 음식 솜씨 좋기로 이름난 분이었다. 적어도 내게는 학교나 호텔에서 배운 지식보다 어머니 어깨너머로 배운 것들이 더욱 귀하고 값졌다. 대대로 이어 온 장맛을 지켜야 한다는 사명을 내게 깨우쳐 주신 분도 어머니이다. 지금도 어머니와 나는 시간 날 때마다 마주 앉아 음식 맛에 대한 이야기를 나눈다. 고령의 나이에도 불구하고 지금도 주방에서 손에 물을 묻히시는 어머니와 그리고 나, 우리 집 장맛은 어쩌면 모자간의 사랑이 그 비결인지도 모르겠다.

우리 집은 웬만한 경우가 아니면 음식 값을 올리지 않는다. 어머니는 지금도 이렇게 말씀하신다.

"음식으로 돈 벌 생각은 하지 마라. 음식은 함께 나눠 먹어야 하는 것이다. 정 음식 값을 올리고 싶으면 나 죽거든 올려라."

전국 방방곡곡을 다니며 음식을 배우다

내가 열아홉 살 때, 어머니가 몸져누우신 적이 있었다. 어머니가 편찮으시니 내가 식당을 운영해 보면 어떨까 하는 욕심이 생겼다. 자신도 있었다.

"음식이 별건가, 맛만 있으면 되지."

젊은 패기에 호기롭게 팔을 걷어붙였다. 그러나 내가 만든 음식과 어머니가 만든 음식에 대한 사람들의 반응이 전혀 달랐다. 나는 커다란 충격을 받았다. 그 차이는 음식을 만드는 사람의 마음가짐에 있었다. 나는 그저 기술적으로 어머니의 레시피만 흉내 냈을 뿐, 어머니가 어떤 마음으로 음식을 만드는지 알지 못했다. 배고픈 아기를 위해 젖을 물리는 어미의 마음, 그걸 몰랐다.

나는 식당 문을 닫고 작은 포장마차를 열었다. 가장 밑바닥의 음식을 통해 사람들과 정과 맛을 나눠야겠다고 생각했다. 꼼장어며 닭발, 우동국물을 만들어 팔면서 나는 비로소 '장이'가 될 수 있었다.

오늘날 사람들은 나를 '전통 음식 박사'라거나 '김치 인간문화재'라 부른다. 과분한 호칭이다. 그리고 직접 나를 만난 사람들은 내 음식

:: 한영용 씨가 만든 대하구이(왼쪽)와 죽순보쌈(오른쪽). 어머니의 마음으로 음식을 만들어야 한다는 것, 그것이 그의 요리 철학이다.

솜씨보다도 내가 아직 젊은 30대라는 점에 더 놀란다. 내가 젊은 나이에 한식 전문가가 될 수 있도록 가르쳐 준 스승은 첫째가 내 어머니이고, 둘째는 젊은 날 전국을 돌아다니며 음식을 배울 때 만났던 세상의 어머니들이다. 누누이 강조하지만, '어머니의 마음'이야말로 음식을 배우는 첫걸음임을 잊지 말아야 한다.

포장마차에서 깨달음을 얻은 뒤, 전국 방방곡곡을 떠돌며 음식을 배우러 다녔다. 각 지방 양반가를 찾아다니며 어깨너머로 그 집안의 고유하고 특색 있는 음식을 배웠다. 때로는 팔을 걷어붙이고 직접 음식을 만들어 보기도 했다. 내가 지금 종갓집 내림김치부터 사찰김치까지 100여 가지의 김치와 170여 가지의 전을 부칠 수 있게 된 것도 이때의 경험이 좋은 토대가 됐다.

소개장 한 장 없이, 일면식도 없이 혈혈단신 무작정 '남의 집'을 방문했지만 나는 환영 받았다. 음식을 배우고 싶다며 무작정 찾아온 앳된 젊은이가 엿기름도 만들 줄 알고, 술도 직접 내린 적이 있다 하니 집안 어머니들이 보기에 얼마나 기특했으랴.

흥미로웠던 건 유명한 종갓집이라고 해도 맏며느리가 집안의 모든 음식을 총괄하는 경우는 별로 없었다는 점이다. 집안마다 각기 고유한 음식과 장맛이 전수되긴 했지만, 음식을 만드는 장인은 따로 있었다. 이를테면 한 마을에서 집안 잔치가 열리면, 마을 곳곳에 흩어져 있던 부침개 장인, 김치 장인, 밥 짓기 장인이 한데 모여 잔치 음식을 만드는 것이다. 요샛말로 하자면 '출장 요리사'인 셈이다. 지금도 시골에 가면 이런 전문가들이 있다. 그러니 우리 민족의 전통 음식 문화를 계승한다는 것은, 이처럼 각 지역에 '숨어 있는' 장인들을 찾아내야 한다는 뜻이기도 하다. 같은 한식이라도 신라호텔 한식이 다르고, 조선호텔 한식이 다르듯 집집마다 요리법, 하다못해 전을 부치는 방식도 다르거늘, 이런 다양한 요리법을 집대성하지 못하는 우리의 현실이 안타까울 뿐이다.

나는 궁중 음식 연구에도 관심을 두고 있다. 궁중 음식은 문헌으로 남아 있고, 거의 유일하게 역사적 근거가 있는 우리 음식 장르이기 때문이다. 장안의 화제가 되었던 드라마 〈대장금〉의 스토리도 조선왕조실록에 실린 여섯 줄짜리 문구에 기대어 창작된 것에 불과하다. 그만큼 전통 음식에 관한 한 기록 축적이 미비한 것이 우리의 현실이다. 우리 음식이 세계화되기 위해선 이런 사료에 기초해 설명하는 작업이 필수이다. 한식 요리사에 뜻을 두고 있는 젊은이들이라면, 이런 공부도 게을리 하지 않아야 할 것이다.

누구나 음식 앞에 평등하다

나는 열아홉에 요리에 입문한 뒤, 지금껏 음식에 혼을 바쳐 왔다고 자부한다. 그런 내가 깨달은 진리는 '누구나 식(食) 앞에선 평등하다.'는 것이다. 가난한 산동네 아이들이나 백만장자 부자들이나 하루 세 끼밖에 안 먹는다. 로마 시대 귀족들은 미식의 극치를 누리기 위해 음식을 삼키지 않고 도로 뱉었다고는 하는데 그건 정상이 아니다. 먹는다는 것은 기본적으로 생존을 위해 끼니를 잇는 것이고 미식은 그 다음이다.

조물주가 나와 내 자식들만 잘 먹고 잘 살라고 내게 음식 만드는 재주를 준 것은 아니라고 믿는다. 아프리카 어느 마을에서는 지금도 수많은 아이들이 굶주림에 쓰러지고 있는데, 그 앞에서 거위간이나 캐비어가 최고의 음식이라며 떠드는 것은 사람의 도리가 아니다. 호텔에서는 음식이 썩어 나간다 한들, 그 음식이 배고픈 노숙자들에게까지 가지는 않는다. 진정한 요리사라면 '먹을거리 평등' 문제도 고민해야 하지 않을까.

그래서 내가 요즘 관심을 가지는 식재료는 감자이다. 감자는 세계를 식량난으로부터 구해 줄 아주 유용한 작물이다. 옥수수나 쌀과 달리 1년 삼모작이 가능하면서도 영양분이 아주 풍부하다. 얼마 전부터는 감자 권위자인 정경호 박사의 후원 활동도 하고 있다.

우리 음식은 먹으면 약이 된다. 단순히 발효 음식의 약리적 작용을 가리키는 것이 아니다. 생각해 보라. 식물의 뿌리를 요리해 먹는 민족이 어디 있는가. 봄철 지천에 널린 냉이가 사람 몸에 얼마나 이로운지는 이미 과학적으로 입증된 바 있다. 우리 민족은 그 냉이를 맛있게 조리하는 지혜도 갖고 있다. 그래서 나는 "냉이 한 뿌리를 캐비어와 바꿀 수 없다."고 주장한다. 우리 음식 세계화가 배고픔으로부터 인류를 구원할 수 있는 길이라고 말한다면 나는 역시 어쩔 수 없는 '우리 것 근본주의자'일까.

사람들은 음식이 맛이 없으면 이것저것 첨가하려고 든다. 소금도 더 넣어 보고, 고춧가루도 넣어 보고, 심지어 화학 조미료를 넣는 일도 잦다. 나는 그런 걸 먹을 때마다 속이 울렁거린다. 맛있는 음식이란 각 재료의 맛이 조화롭게 살아 있는 것이다. 조미료는 재료의 맛을 다 죽인다. 식문화는 다른 문화와 달리 어머니 뱃속에서부터 선천적으로 학습되는 것이다. 조미료가 이런 선천성을 죽이고, 외국 음식에 대한 근거 없는 사대주의가 우리 전통 음식의 깊이를 떨어뜨리는 현실이 안타까울 뿐이다.

요리는 마음이다

나는 욕심이 많다. 우리 음식에 관한 내 욕심은 끝이 없다. 대학원에 진학해 공부도 더 깊이 하였고, 국내 최초로 외식 컨설턴트 자격증(한식 분야)도 취득하였다. 2002년엔 인사동 갤러리에서 '벤처 농업과 문화벤처의 만남展' 이라는 전시회도 열었다. 이곳에서 전통 돌상이며 혼례상 등을 재현해 호평을 받았다. 그 밖에도 된장 퍼포먼스, 요리 박람회 등 우리 음식을 이해하는 데 도움이 되는 행사 기획에도 열심이다. TV나 잡지 인터뷰에 적극적으로 임하는 것도 우리 음식을 널리 알리려는 생각에서다.

실은 방송이나 잡지에서 나를 인터뷰하고 촬영해 가는 것이 꼭 달가운 것만은 아니다. 음식을 차려 주면 사진만 달랑 찍고는 맛도 보지 않고 자리를 떠나기 때문이다. '보이는 것' 이 중요한 매체의 특성상 그럴 수도 있겠다 싶지만 나는 매번 화를 낸다.

"먹어 보지도 않고, 어떻게 저희 집 음식에 대해 이야기할 수 있습니까?"

요리사에게는 배고픈 아기에게 젖을 주고자 하는 어머니의 마음이 필요하듯, 그들에게도 맛있는 음식을 남과 나누려는 마음가짐이 필요한 것 아닌가. 어떻게든 화면만 채우면 된다는 안일한 생각을 하는 건 아닌가 싶어 마음이 씁쓸하다.

결국 요리란 마음이고, 요리사의 길 또한 마음을 다스리는 길이다. 돈과 명예보다는 남들과 나누려는 마음 씀씀이! 맛보다는 남의 건강을 생각하는 자세! 우리의 전통 음식 문화 속엔 이런 마음 씀씀이가 오롯이 담겨 있다. 그것이 내가 우리 음식과 더불어 한평생 살아가려는 까닭이다.

(구술 정리 : 이오성)

내 아버지처럼
완고한 요리사가 되리라

| 우금산 |

1960년생. 서울에서 태어난 화교이다. 고등학교 졸업 후 '국일대반점'에서 일을 배우면서 중식 요리에 입문했고, 대한항공과 롯데호텔 등에서 15년간 중식 요리사로 일했다. 1996년 독립해 중식 요리점 '보성'을 개업한 이래(2003년 '지미(知味)'로 상호 개명) 지금까지 제대로 된 중식 요리를 선보이기 위해 애쓰고 있다.

지오디의 노랫말을 빌려 이야기하자면, "자장면을 싫다고 하셨"던 건 어머니가 아니었다. 나야말로 자장면이 죽도록 싫었다. 나는 고등학교를 졸업할 때까지 단 한 그릇의 자장면도 먹지 않았다.

유명한 중식 요리사였던 내 아버지의 삶은 몹시 고달팠다. 아버지는 365일 하루도 빠짐없이 새벽 4시에 일어나 그 독한 연탄가스 냄새를 맡으며 연탄불을 피웠다. 그 길로 새벽 시장에 나가 장을 보고 아침 7~8시경에 집에 돌아와 잠깐 눈을 붙였다가 다시 일어나 점심, 저녁 장사를 마칠 때까지 밤늦도록 불 덩어리, 기름 덩어리와 씨름하셨다.

아버지의 고된 삶을 옆에서 지켜본 나로선 자장면이 끔찍하게 싫을 수밖에 없었다. 무의식중에라도 자장면을 입에 대면, 바로 그 순간 아버지의 삶을 이어받게 될지도 모른다는 두려움 같은 것이 있었던 걸까.

지금이야 중식 요리사로서의 자부심이 어느 누구에게도 뒤지지 않지만, 그 시절 자장면에 대한 내 '혐오'는 정말이지 심각했다.

아버지도 내가 당신의 가업을 잇는 것을 달가워하지 않으셨다. 마흔이 넘어 늦게 얻은 자식인 만큼 자신처럼 힘든 삶을 사는 것을 원치 않으셨으리라. 다행히 나는 '공부머리'가 있어 성적도 웬만했기에 그저 평범한 직장인으로 살았으면 하는 게 아버지의 바람이었다. 나 역시 중·고등학교 시절엔 고고학이나 사학을 공부하는 학자가 되고 싶었다.

그러나 나는 화교다. 전 세계에서 차이나타운이 없는 유일한 나라 한국에서도, 화교가 한국인처럼 살기는 애초부터 힘들었다. 참정권도 없고 공무원 시험도 볼 수 없는 '외국인' 신분의 내가, 남들처럼 평범한 직장인이 되거나 학자가 된다는 것 자체가 어쩌면 너무 큰 꿈이었는지도 모르겠다. 한국 정부의 화교 정책이 차츰 나아지고 있다고는 하지만, 장사 말고는 생계를 유지할 길이 뚜렷이 없는 게 지금이나 그때나 변하지 않은 현실이다. 설상가상으로 고등학교 졸업 후 어머니가 중풍으로 쓰러지면서 집안 형편이 악화되기 시작했다. '대만으로 유학이라도 가 볼까.' 잠시 생각하기도 했지만 그림의 떡이었다. 한가하게 이것저것 따질 때가 아니었다. 바로 직업전선에 뛰어들어야 했다. 그때가 1980년경이었다.

아버지를 비롯해 주변의 친지들이 많이 진출해 있는 중식 요리점의 말단 요리사로 들어갔다. 지금은 사라졌지만, 당시 이름난 중식 요리점이었던 서부역 '국일대반점'이 내 첫 직장이었다. 고등학교를 졸업할 때까지 자장면은 입에도 대지 않았던 내가 결국 프라이팬을 닦고, 조이고, 기름 치는 신세가 된 것이다.

국일대반점에서의 생활은 그야말로 밑바닥에서부터 '빡빡 긴' 삶

그 자체였다. 아버지나 친지의 배경을 믿고 '좀 편하게 요리를 배워 볼까.' 하며 잔머리를 굴릴 형편이 아니었다. 중식 요리점의 훈련 과정이라는 것은 예나 지금이나 혹독하기로 악명이 높다. 프라이팬 닦는 것부터 시작해서 양파 껍질 벗기기, 불 다루기까지 몇 년을 쉴 새 없이 일했다. 갖은 고생을 하며 요리를 배웠지만, 젊은 날 익힌 기술로 여태껏 먹고살고 있으니 생각하면 참으로 값진 시간이었다.

임어당 선생이 선사한 이름 '知味'

아버지는 중식 요리점의 전설로 불리는 '아서원(雅敍園)'의 총주방장이셨다. 지금의 롯데호텔 자리에 들어서 있었던 아서원은 1907년 문을 연 이래 한국 최고의 중식 요리점으로 손꼽히던 곳이었다. 총수용 인원이 900여 명에 이를 만큼 규모도 컸고, 당시 자유당, 공화당 정객들의 사교장으로 각광 받았다. 이기붕 국회의장을 비롯한 정재계의 유명 인사들이 단골손님이었다.

당시 아버지의 요리와 관련해 유명한 일화 하나가 있다. 1970년 6월, 세계적인 석학이자 작가인 중국의 임어당 선생이 제37차 세계펜클럽대회를 마치고 아서원을 찾았다. 임어당 선생은 몇 가지 음식 맛을 본 뒤, 요리를 만든 요리사를 찾았단다. 당시 총주방장이셨던 아버지가 나아가 자신이 선생을 위해 손수 만든 요리라고 말씀드리자, 임어당 선생은 그 자리에서 붓으로 '知味'라는 글씨를 써 주셨다고 한다. 맛을 안다니, 요리사에게 그보다 더한 칭찬이 어디 있을까.

지금 내 가게의 이름이 '지미(知味)'인 데는 그런 사연이 있었던 것

:: 임어당 선생이 우금산 씨 아버지의 요리를 맛본 후 친히 써 준 글씨. 우금산 씨의 가게 이름이 '지미(知味)'인 것도 여기서 비롯되었다.

이다. 나는 지금도 홀 한 켠에 놓인 임어당 선생의 붓글씨를 보며 요리를 만들 때의 아버지의 정성을 떠올리곤 한다. 우리 가게를 찾는 손님들 중 연세 지긋한 어르신들은 종종 "중식 요리 좀 먹었다는 사람치고 자네 아버님 성함을 모르면 간첩"이라고 말씀하신다. 1996년 폐암으로 세상을 뜨셨지만, 내게 아버지의 존재는 그 자체로 요리사의 표상이다.

한번은 이런 일도 있었다. 집에서 생선 요리를 만드는데 쪽파가 떨어졌다. 다른 가족들은 적당히, 집에 있는 대파를 쓰자고 하는데도 아버지는 요리를 중단시키고 시장으로 달려가 쪽파를 사 오셨다. 그러곤 가족들에게 이렇게 일갈하셨다.

"이 요리에 들어가야 하는 건 반드시 쪽파다. 대파도 안 되고 양파도 안 된다. 그건 수백 년, 수천 년 동안 이어 온 조상들의 지혜다."

이처럼 아버지는 고집불통 원칙주의자였지만 그 바탕은 재미있고 자상하신 분이었다. 어느 날 아버지가 시장에서 생선 세 마리를 사 오셨다. 아버지는 나와 동생에게 생선을 한 마리씩 나눠 주시며, 각자 자신이 생각하는 최고의 방법으로 생선을 요리해 보라고 하셨다. 물론 당신께서도 직접 팔을 걷어붙이셨다.

'삼부자'의 요리 경연 대회가 벌어진 셈이다. 아버지는 전통적인 찜 요리를, 동생은 현대적인 방식의 튀김 요리를, 나는 두 조리법을 접목한 요리를 내놓았다. 아버지는 우리 형제의 요리를 맛보시더니 전에 없이 자상하게 자신의 요리법을 전수해 주셨다.

"이 생선은 찜이 최고야. 그리고 칼집은 이렇게 들어가야 최고로 맛있어진단다."

그날의 승리자는? 물론 아버지였다. 그날 퓨전 요리를 선보인 동생은 앰버서더호텔을 거쳐, 현재 에버랜드에서 일하고 있다.

'남들처럼 좀 편하게 요리하면 안 될까.' 하는 나태함의 유혹이 밀려들 때마다 나는 그 옛날 혼자 쪽파를 사 오시던 아버님의 모습, 생선 요리에 대해 조근조근 설명해 주시던 아버지의 모습을 떠올리며 마음을 다잡는다.

지금은 중식 요리사를 천직이라고 생각하지만, 스무 살에 중식 요리에 입문한 뒤로 나는 단 하루도 마음 편할 날이 없었다. 그동안 일백 번도 넘게 일을 그만둘 생각을 했었다. 대한항공에서 지금은 작고한 조중훈 회장의 요리를 담당할 때에도 그랬고, 롯데호텔에서 일할 때에도 그랬다. 실제로 10년 전쯤에는 보따리 장사로 나서기도 했고 잠시나마 여행사 가이드 일도 해 보았다. 그러나 결국 내 자리는 중식 요리사였다. 1996년 그러니까 아버지께서 돌아가시던 해, 나는 '보성'이라는 이름으로 불광동 먹자골목에 중식 요리점을 열었다. '지미'로 이름을 바꾼 건 2003년의 일이다. 그리고 이제는 웬만큼 중식 요리를 먹는다는 사람들의 '맛집 순례'에 빠지지 않을 만큼 자리를 잡았다.

가게를 열면서 나는 아내에게 이런 말을 했었다.

"장사 한다고 중국을 왔다 갔다 하면서 땀 흘리는 것보다 주방의 더운 열기에 땀 흘리는 게 훨씬 마음 편하더군. 이게 내 천직인가 봐."

요령은 없다, 수련이 왕도다

한국에 있는 화교들 중엔 유독 중식 요리사들이 많다. 거의 성인 화교 인구의 절반 정도가 다 중식 요리사가 아닐까 추측될 정도이다. 그 외 화교들은 한약 관련 업종이나 여행 가이드에 진출해 있다. 한국의 화교들이 요리사로 많이 진출한 것은, 앞에서도 잠시 말했지만 한국 정부의 화교 정책 때문이다. 화교들은 일반 직장 취업이나 공직 진출이 어렵다. 뿐만 아니라 이승만 정부 이래로 주택이나 토지 소유는 물론이고, 심지어 자기 사업장의 규모에까지 제약을 받았다.

중식 요리점에 대한 차별적 규제도 적지 않았다. 물가 안정을 명분으로 자장면 값을 올리지 못 하게 한 것이 그 대표적인 예이다. 원래 자장면은 설렁탕보다도 비싼 고급 음식이었다. 하지만 한국 정부는 자장면 값을 동결했다. 물가는 계속 오르는데 가격을 묶어 놓으니 결국 질이 떨어질 수밖에 없었다. 수지 타산을 맞추기 위해 자장면에 들어가는 고기의 양을 줄이거나 조리 시간을 단축할 수밖에 없었던 것이다. 나이 많은 어르신들께서 중식을 선호하는 것은 그 옛날 '맛있었던' 중국 음식의 기억을 간직하고 있기 때문이다. 지금은 자장면이나 짬뽕이나 맛이 옛날만 못하다.

　자장면 값 동결로 음식의 질이 떨어지면서 자연스레 중국 요리 종사자에 대한 편견도 생겨났다. 우리끼리 하는 이야기이지만, 피자 배달원과 자장면 배달원을 대할 때 사람들의 표정과 말투가 다르다. 아직도 사람들은 중국 음식 배달원에게 "야, 이 ○○야! 고춧가루 빠졌잖아!" 하는 식으로 하대하기 일쑤이다. 중국 음식은 '배달로 먹고 사는 값싼 음식'이라는 고정관념이 박힌 탓이다. 한국인인 내 아내 역시 연애 시절, 주위 사람들에게 내가 중식 요리사라는 말을 차마 하지 못하고 농조로 "대한항공에서 비행기 바퀴에 붙은 껌딱지 떼는 일 해요."라고 했다니, 요리사, 그것도 중식 요리사에 대한 편견이 어느 정도였는지 쉽게 짐작이 갈 것이다. 지금 내 가게에서는 음식 배달을 하지 않는 것도 그러한 이유에서이다. 중국 요리의 품격을 지키기 위한 나름의 몸부림이라고나 할까.

　중식 요리사로서 요즘 가장 안타깝게 생각하는 것은 기술을 전수할 후배들이 없다는 점이다. 화교들 사이에서도 자식을 요리사로 키우려는 사람들이 별로 없다. 내 아버지가 그랬듯 자신이 겪은 험한 일을 자식에게 대물림하고 싶지 않기 때문이리라.

　"한국에서 화교 조리사는 우리 대가 마지막이 아닐까?"

　가끔 친구들에게 이런 말을 건네면 다들 말없이 고개만 끄덕인다.

　중식 요리는 왜 어려울까? 한마디로 일이 거칠고 힘들기 때문이다. 다른 분야의 요리와 달리 중식 요리는 요령이라는 게 별로 없다. 프라이팬을 예로 들어 보자. 처음 중식 요리에 입문하면 맨 먼저 배우는 게 프라이팬 설거지이다. 전 세계 어느 프라이팬보다도 크고 무거운 중식용 프라이팬을, 초보자가 닦는 건 쉬운 일이 아니다. 나 역시 처음 몇 달간은 날마다 팔목에 파스를 붙이고 일해야 했다.

하지만 비결은 거기에 있었다. 날마다 크고 무거운 프라이팬을 설거지하다 보면 자연스레 팔목 힘이 생기고 근육이 붙는다. 중국 요리의 핵심 기술 중 하나가 뭔가. 바로 프라이팬 '돌리는' 기술이다. 이건 보통 팔목 힘으론 잘 되지 않는다. 초보 시절 설거지를 함으로써 나중에 정식 요리사가 됐을 때 필요한 힘을 기르는 셈이다.

"아니, 그럴 거면 차라리 아령 운동을 해서 근육을 단련하면 되잖아요?"라고 묻는 이도 있겠지만, 천만의 말씀이다. 프라이팬을 잡는 방법은 아령과는 전혀 다르다. 그건 직접 프라이팬을 잡아 봐야만 안다.

프라이팬 설거지가 끝나면 프라이팬 닦는 일을 맡는다. 이 일은 힘이 좀 더 필요하다. 이때쯤 되면 벌써 팔목 힘이 상당해진다. 국일대반점에서 일을 배울 때 내 스승은 프라이팬에 모래를 가득 넣고 하루 50번씩 돌리라는 특명을 내렸다. 그렇게 매일 모래를 돌리다 보면 비로소 감이 좀 잡힌다.

이런 사소하지만 반복되는 연습을 통해서만 배울 수 있는 기술들은 몇 마디 말로 전수할 수 있는 게 아니다. 누가 가르쳐 주는 것이 아니라 어깨너머 눈썰미로 배워야 한다. 옆에서 아무리 말로 교육해 봐야 소용없다. 깊은 밤 주방에 홀로 남아 무를 깎으며 칼질을 연습해 본 사람만이 진정한 요리의 '틀'을 깨칠 수 있다고 나는 믿는다.

요즘 젊은이들이야 깨끗하고 편한 걸 좋아하니 다른 분야의 요리에 관심이 가는 것도 당연하다. 하지만 중식 요리는 입문 단계가 어려울 뿐 어느 정도 단계에 다다르면 다른 요리에 비해 성취감이 매우 크다. 자신의 노력 여하에 따라 실력 차가 워낙 크기 때문이다. 더욱이 중국이 세계무대로 도약하면서 한국과의 교류가 활발해짐에 따라 중국 요리에 대한 수요가 더욱 늘어날 것이므로 전망도 밝다.

다양하고 복잡한 중식 요리

중국은 넓은 국토만큼 다양한 요리가 발달했다. 사천식, 광동식, 산동식 등…. 한마디로 완전히 다른 재료와 조리법의 요리들이 산재해 있다. 중국 음식은 한 접시에 담겨 나오는 메뉴가 많으므로 얼핏 간단해 보이지만 어느 요리보다 더 복잡하고 손이 많이 간다. 전복의 경우만 해도 어떻게 찌고 말리느냐에 따라 수십, 수백 가지의 다른 요리로 변모한다. 뿐만 아니라 전복의 종류에 따라 요리법도 가지각색이다. 그래서 중국을 일컬어 '지대물박(地大物博)', 즉 땅이 넓고 자원이 많다고 하지 않던가.

19세기 말부터 한국에 들어온 화교들은 대부분 산동성 쪽 출신이기 때문에 한국에 널리 퍼진 요리는 대부분 산동성 요리들이다. 자장면 역시 산동성의 전통 음식이지만, 한국에 장착되는 과정에서 한국인의 입맛에 맞게 한국화된 것이다. 일찍부터 문화가 발달한 산동은 음식 문화 또한 발달했다. 또 고대 제나라, 노나라가 융성했던 지역이라 산동 음식을 공자, 맹자의 음식이라고도 부른다.

산동은 북쪽 지방이라 쌀이 귀한 대신 밀이 많이 난다. 그래서 면 요리가 흔하다. 해물의 경우엔 황하 유역에서 잡히는 담수어들이 많아 민물고기 요리가 발달했다. 산동 요리의 대표 메뉴 중 한 가지인 '황하 잉어탕수'가 그것이다. 수도인 북경 요리가 산동 요리의 영향을 많이 받은 만큼, 한국 화교들의 요리는 청나라 이래 중국 궁중 요리와 그 맥

:: 자신의 가게 앞에 선 우금산 씨. 유난히 어르신 고객들이 많아 칼바람 부는 겨울이면 문밖을 내다보는 일이 잦다고 한다.

을 함께하고 있다고 볼 수 있다.

오랜 역사와 너른 땅을 가진 나라에서 탄생한 음식답게 중식 요리엔 각 요리마다 흥미로운 사연들이 담겨 있다.

이를테면 대표적인 해물 요리 '전가복(全家福)'의 유래는 이런 것이다. 진시황의 폭정을 피해 산 속에서 풀뿌리로 연명하던 한 유생이 진시황이 죽자 다시 고향 마을로 돌아왔으나 가족들의 생사를 알 길이 없었다. 낙담한 유생이 스스로 목숨을 끊으려 하자, 마침 주변을 지나던 어부가 그 유생의 자식 소식을 전해 주었다. 천신만고 끝에 온 가족이 다시 만나게 되자 유생은 마을 사람들을 불러 큰 잔치를 열었는데, 그날 나온 음식 중 가장 귀한 재료로 만든 요리를 전가복이라 불렀다. '온 가족이 다 모이니 행복하다'는 뜻이다.

암행을 나갔던 건륭황제가 거지들의 음식 맛에 반했다는 일화가 담긴 ‘거지닭’(하지만 표기할 때는 ‘富貴鷄’라 쓰는 것도 재미있다.)과 제방을 쌓은 백성들의 노고를 치하한 소동파를 기린 ‘동파육’, 제갈량이 강물에 빠져 죽은 백성의 넋을 위로하기 위해 만들었다는 ‘만두’도 있다. 이 밖에도 중식 요리와 관련된 갖가지 이야깃거리 또한 적지 않다. 길고 격렬했던 역사가 말해 주듯, 전쟁과 분열 속에 사람들의 희로애락이 음식에 반영된 탓이리라.

중식 요리와 친숙해지기 위해선 이런 문화적·역사적 맥락을 이해해야 한다. 중국 요리에 관심이 있는 사람이라면 중국 음식 속에 담긴 역사와 문화를 알기 위해 『공자의 식탁』, 『중화요리에 담긴 중국』과 같은 책을 미리 읽어 두는 것도 좋다.

자식에게 물려주고 싶은 일을 해라

한번은 웬 손님께서 주방장을 찾았다. 나가 보니 환갑이 훨씬 넘어 보이는 어르신이었다. 이분께서 하시는 말씀이 “이 집 음식 때문에 입맛을 버렸다.”는 게 아닌가. 무슨 말인가 했더니, 중국 음식점을 두루 다녔지만 이 집처럼 옛맛을 잘 재현하는 곳이 없더라는 것이었다. 어르신은 “늘그막에 입맛이 까다로워졌으니 큰일 아니냐.”며 껄껄 웃으셨다. 옆에 서서 그 웃으시는 모습을 보고 있자니, 피로가 눈 녹듯 사라졌다.

내가 운영하는 가게엔 유난히 가족 단위 손님이 많다. 삼대 혹은 사대 가족들이 함께 오기도 한다. 자식, 손주와 손잡고 오는 어르신들의 모습이야말로 내가 중식 요리사의 길을 걸으면서 얻는 최고의 보람이다. 자식과 손주에게 맛보이고 싶은 음식이라면 그야말로 '지상 최고의 요리'일 테니까. 매년 칼바람 부는 겨울철이 되면 나는 신경이 곤두선다. 연로하신 어르신들은 그 추운 겨울을 못 넘기고 돌아가시는 일이 잦기 때문이다. 그래서 '오실 때가 됐는데…' 하며 자주 창밖을 바라보곤 한다.

나 역시 건강만 허락된다면 칠순, 팔순까지 칼을 놓고 싶지 않다. 내 아버님이 그러셨듯이 나이 들어서도 요리에 대한 원칙을 잃지 않는 완고한 요리사가 되고 싶다. 모든 요리가 그렇지만 중식에도 가장 중요한 것이 음식을 만드는 정성이고, 자세이다. 무엇보다 내가 먹었을 때 입가에 미소가 번져야 한다. 그러면 다른 이들의 입가에도 미소가 피어오를 것이다.

요즘 사람들은 돈을 너무 쉽게 벌려고 한다. 나는 기회 있을 때마다 음식점을 하고 싶다는 사람들에게 이야기한다.

"요리 배우기 힘들다고 대출 받아서 프렌차이즈 치킨 집 같은 건 내지 마라. 젊어서 몇 년만 힘들게 고생하면 칠순, 팔순까지 써먹을 수 있는 기술이 생긴다. 쉬운 일은 몸에 힘이 없을 때 하면 된다. 무엇보다 네가 은퇴할 때쯤에 누군가에게 물려주고 싶은 일을 해라."

나는 의사다. 다른 의사들은 발병 후에야 병을 고치지만, 나는 병이 나지 않도록 도와주는 의사다. 기분이 우울하거나 화병이 도졌을 때 맛있는 음식을 먹는 것처럼 좋은 약이 또 있을까. 그런 점에서 나는 '사'자 들어가는 직업 중에서 요리사가 최고라고 생각한다. 나는 몸이 아플 때에나 의사를 찾지만, 그들은 날마다 나를 찾는다. 의사들이 환자를 진찰하듯, 나 역시 손님들의 표정과 반응을 살핀다. 그들의 입에선 어김없이 이런 감탄사가 터져 나온다.

"아, 이 집 음식 정말 맛있네요."

어떤가. 이만하면 중식 요리사도 제법 멋진 직업이 아닌가.

(구술 정리 : 이오성)

소박한 가게의
'초밥왕'을 꿈꾸며

| 김광래 |

1975년생. 고등학교를 졸업하고 일식 조리사 자격증을 취득했다. 군 제대 후 1997년 분당의 한 백화점 내 일식집에서 조리사 생활을 시작했으며, 압구정동의 퓨전 일식 요리점 '친친'을 거쳤다. 2005년부터 홍대 앞 일식집 '가로(がろう)'에서 조리부장으로 일하고 있다.

나는 우리 나이로 서른두 살이다. 젊은 식도락가들이 붐비는 홍대 거리에서 그리 크진 않지만 일식 조리사가 5명이나 있는 일식집 '가로(がろう)'의 조리부장으로 근무하고 있다. 가로는 초밥을 비롯해 롤, 튀김 등 젊은 층의 취향에 맞는 일식 요리를 회전식으로 내는 일식집이다. 조리부장으로 일하고 있으니 이만하면 젊은 나이에 성공했다고 말할 수도 있겠다. 내 밑에서 일하는 조리사 중에서는 나보다 더 나이 많은 후배들도 있으니 말이다. 그렇지만 나는 아직 멀었다고 생각한다. 나는 날마다 새로 시작하는 마음으로 일하고 있다.

실제로 간혹 손님들 중 조리장을 찾는 분이 있어 인사를 드리면 의외라는 표정으로 쳐다보기도 한다. 아무래도 요리 실력은 연륜에 비례한다고 믿기 때문이리라. (물론 나도 그렇게 생각한다. 요리는 단순히 기술만 좋다고 되는 것이 아니다.)

때때로 그들의 표정엔 "젊은 사람이 제법 출세했다."거나 "그쯤 되면 탄탄대로의 삶이겠구나."와 같은 부러움의 반응이 섞여 있기도 하다. 돈벌이가 제법 괜찮아 보이는 데다 겉보기에 '폼' 좀 나니까 그렇게 생각하는 듯도 싶다.

그러나 나는 공부하는 자세로 노력해야 할 것이 많다. 한국에서 일식 조리사란 힘겨운 직업이다. 사람들의 눈에 일식 조리사가 상대적으로 편해 보일지도 모르지만, 일식 조리사 역시 다른 분야 조리사와 마찬가지로 만만찮은 직업이다. 그래서 지금껏 수없이 고민하고 회의하며 이 길을 걸어 왔다.

'환상'으로 시작하다

솔직하게 말해 학창 시절 나는 공부를 잘하지 못했다. 그래서 괜찮은 대학에 진학하지 못할 바에야 차라리 전문 기술을 익히자고 생각한 것이 고등학교 3학년 때였다. 진로에 대한 이런저런 걱정 속에 시간을 보내던 어느 날, 직업의 세계를 소개하는 TV 방송을 보던 중에 일식 조리사가 눈에 들어왔다. 왜 하필이면 일식 조리사에 관심이 갔는지는 잘 모르겠지만, 아마도 TV를 통해 본 일식 조리사의 모습이 어린 내게는 제법 깔끔하고 멋지게 보였기 때문일 것이다. 대학 졸업장 없이도 열심히 노력하면 성공할 수 있다는 비전을 일식 조리사의 모습에서 찾았다고 해야 할까. 어쨌든 일식 조리사에 대해 어떤 '환상'을 가졌던 것은 분명하다.

고등학교를 졸업하자마자 본격적으로 일본 요리를 배우기 시작했다. 대부분의 사람들처럼 나 역시 사설 학원을 통해 요리 인생의 첫발을 내디뎠다. 내가 요리를 배우겠다고 하자 주변의 반대가 심했다. 특히 오랫동안 한식 요리점 주방에서 일했던 어머니께서 몹시 반대하셨다. 정식 조리사는 아니었지만 조리사의 삶이 얼마나 고된지 아셨기 때문이었다.

일식 조리사가 되는 길은 시작부터 만만치 않았다. 각종 요리 실습에서부터 조리 이론과 외국어 공부까지, 내 순진한 기대(?)와는 달리 대학 입시와 비교해도 그 노력의 양과 질이 결코 덜하지 않았다. 1994년 조리사 자격증을 따고, 1997년 분당의 한 백화점 일식집에서 본격적으로 일을 시작했다. 일이 고된 건 차치하고 아침 일찍부터 밤늦게까지 주방에 묶여 있는 게 무엇보다 괴로웠다. 남들 다 하는 연애는커녕 죽마고우 얼굴 볼 짬도 없다는 게 당시 젊은 나로서는 참기 힘들었다. 보통 밤 10시에 업무가 끝나고 주방을 정리한 뒤 집에 오면 자정에서 새벽 1시 사이. 바로 쓰러져 곯아떨어지는 생활의 연속이었다. (돌이켜 생각해 보면 이 시간은 내 자신의 미래에 투자했던 값진 시간이었다. 이 시간을 통해 지금 조리부장의 위치에도 이르지 않았는가.)

"이번에도 또 못 나오는 거냐? 너 얼굴 보기 참 힘들다."

조리사 초년병 시절, 가족과 친구들로부터 가장 많이 들었던 소리다. 친구들과 약속이 있는 날이면 일이 손에 잡히지 않았다. 하루 중 가장 바쁘게 일할 시간에 '지금쯤 친구들은 회포를 풀고 있겠지.' 하는 생각이 들면 당장이라도 일을 때려치우고 싶었다.

'친구들까지 잃어 가며 이 일을 계속 해야 하나…'

조리사 생활 3년차가 됐을 때 이런 회의는 최고조에 달했다. 조리사의 급여 조건도 그다지 흡족하지 않았다. 조리사의 급여는 대개의 사람들이 생각하는 것보다 훨씬 적다. 상당수의 업장에서 5년차 미만의 조리사는 연봉 2천만 원을 조금 넘는 정도이다. 더욱이 미래에 대한 불안감까지 겹쳤다.

나는 순간의 잡생각을 못 이겨 직장을 옮기기도 했다. 부끄러운 고백이지만, 출근에서 퇴근까지 계속되는 힘겨운 노동을 감당하지 못해 단 하루 만에 가게를 그만둔 적도 있다. 그곳을 소개해 준 선배에게 커다란 질책을 받은 건 두말할 것도 없다. 급기야는 조리사의 길을 접고 평범한 직장 생활을 하기도 했다.

그때 한 선배가 이런 말을 했다.

"네가 지금 요리를 그만둔다면 남들보다 일찍 요리에 투자했던 시간만큼 인생을 손해 보는 것이다. 요리사 생활을 열심히 하면서 급여의 10퍼센트 정도를 책을 사 보는 것과 좋은 요리를 먹는 것에 투자하는 노력을 기울인다면 충분히 성공할 수 있다."

내 길은 결국 조리사였다. 직장 생활을 하면 할수록 점점 '이게 아닌데…' 하는 회의가 들었다. 단지 회사의 부속품으로 소모되지 않는 일, 평생을 걸 만한 일이 없을까? 잠시 동안의 일탈로 내가 얻은 교훈이라면 사람은 자신이 두각을 나타낼 수 있는 일을 해야 한다는 것이었고, 그것이 내겐 일식 조리사 일이었다. 하지만 다른 직장의 일을 경험해 보는 게 꼭 나쁜 일은 아니라고 생각한다. 두세 군데 정도의 직장을 거치면서 다양한 업무를 습득하는 것이 장기적으로 이익이 될 수도 있다고 생각한다.

그 후 나는 더 이상 욕심을 내지 않았다. 기본기부터 차근차근 틀림없이 내 길을 밟아 나갔다. 아무리 작고 허름한 가게라도 내가 하나라도 더 배울 수 있는 곳이라면 마다하지 않았다. 당장의 돈에 눈이 멀어 참치회 체인점 등의 스카우트 제의에 응하는 우도 범하지 않았다. 실제로 내 주변엔 돈을 쫓아 다른 분야의 횟집에 갔다가 조리사로서의 자기 이력을 관리하지 못한 이들이 많다. 나는 몇 번의 방황 끝에 중요한 것은 돈이 아니라 하나하나 실력을 쌓아 가는 과정이라는 걸 배웠다.

단판 승부가 아니다!

"선배님, 안녕하세요. 놀러 왔습니다."

간혹 일식 조리사 후배들이 찾아온다. 20대 중·후반의 나이. 그 시절 내가 그랬듯 이 직업에 대한 회의감이 부쩍 들 때다. 주제넘지만 나는 그들에게 이런 이야길 하곤 한다. (어쩌면 내 스스로에게 하는 다짐 같은 것이기도 하다.)

"어차피 선택은 자신의 몫이야. 선배나 친구가 아무리 좋은 이야길 해 줘도, 결국 선택을 하고 그 선택에 대한 책임을 감당하는 건 자신의 몫이지. 다른 데 눈 돌리지 않고 선택한 길을 곧장 가건, 이러저리 둘러둘러 가건 간에 말이야."

요즘 젊은 후배들은 확실히 많이 노력한다. 나처럼 고등학교 졸업하고 바로 현장에 뛰어들기보다는, 대학에 진학해 착실히 수업을 받고 오는 이들이 많다. 그뿐인가, 일본 유학을 다녀오는 이들도 상당수이다. 하지만 이런 '유학파'들도 처음엔 기본기부터 착실히 익혀야 한다.

사실 우리나라 일식 조리사들의 세계는 유대 관계가 돈독하면서도 상하 관계가 엄격한 측면이 많이 있다. 아무리 나이가 많은 신입이라도 어린 선배에게 깍듯이 선배 대접을 해야 하고, 신입은 온갖 잡일을 도맡아 해야 한다. 대학에서 호텔조리학을 전공했든 유학을 다녀왔든 간에 후배들은 예외 없이 박스 나르기, 채소 다듬기, 설거지, 주방 청소 등 단순노동의 통과의례를 거쳐야 한다.

자존심이 허락하지 않아 이런 일을 견디지 못하고 뛰쳐나가는 후배들도 적지 않다. 나 역시 10년 전엔 이런 과정이 못마땅했다. 내가 어느 정도 지위에 오르면 이런 관행을 없애리라 다짐하기도 했다. 그런데 '어느 정도'의 지위에 오른 지금 나는 새로 후배들이 들어오면 허드렛일부터 시킨다. 책이나 강의로만 되지 않는 요리의 세계엔 상하 관계의 엄격함이 어느 정도 필요하다는 게 지금 내 생각이다. 단순히 입장 차이가 아니다. 허드렛일 또한 수련의 한 과정이기 때문이다. '어른 말씀 하나 틀린 것 없다.'는 말의 교훈을 깨우쳤다고나 할까.

특히 일본 유학은 신중할 필요가 있다. 왜냐고? 한국인, 그것도 유학생이 일본에서 제대로 일을 배우기란 쉽지 않기 때문이다. 사실 일본은 우리보다 더 도제식이다. 더욱이 일본의 내력 있는 음식점은 스시면 스시, 튀김이면 튀김 등 대부분 한 가지 요리만 중시한다. 초밥, 회, 튀김, 탕 등 적어도 서너 종류의 요리법을 능숙하게 구현해야 하는 우리의 현실에 비추어 보면 어설픈 일본 유학은 큰 도움이 되지 않는다. 내가 아는 후배 하나도 일본 유학을 가서 1년 내내 설거지만 하다가 지쳐 그만두기도 했다. 하지만 그 후배는 이를 통해 요리에서 가장 중요한 건 인내심이라는 점을 배웠다고 한다. 우리나라에서 인기 있는 일본 만화 『미스터 초밥왕』에는 이런 대사가 나온다.

"언제쯤 주방에 들어갈 수 있을까?"

"무슨 소리야? 최소한 1년은 허드렛일만 하는 거야."

"뭐? 1년이나?"

"그 다음엔 달걀말이나 김말이. 그것만도 2~3년은 족히 걸리지. 자기 손으로 초밥을 만들려면 7~8년은 있어야 돼."

정말 먼 이야기다. 그래서 나는 일본 유학을 떠나려면 아예 일찍 떠나거나 그게 힘들 것 같으면 1년에 두세 번씩이라도 시간 날 때마다 요리 여행을 떠나라고 권한다. 그렇게 스스로에게 투자한 시간은 언젠가 되돌아올 것이다.

중요한 것은 요리법이 아닌 맛

'친친'이라는 퓨전 일식 요리점에서 일한 것이 내 요리 인생의 전환점이 되었다. 지금은 문을 닫았지만 그곳에서 최고의 실력을 자부하는 여러 선배님들을 만났다. 처음 친친에 출근했을 때 중식 프라이팬과 오븐을 보고 당황 했던 기억은 지금도 잊을 수가 없다. 여러 해 동안 날생선만 주로 만져 왔던 내게 중식 프라이팬과 오븐은 정말 낯선 요리 도구였다. 와인과 청주가 공존하는 주류 캐비닛의 풍경도 마찬가지였다. 아직 일식 한 분야에도 숙련되지 못한 내가 퓨전이라니, 그때의 느낌은 정말이지 '낯설다'를 넘어 '무섭'기까지 했다.

사실 많은 조리사들은 퓨전 요리에 대해 회의적이다. 한 가지만 잘하기도 어려운데 두 가지 이상의 다른 요리법을 접목시키는 것에 대해 "이것도 아니고, 저것도 아니다."라고 비판하는 이들이 많다. 내가 퓨전 요리점으로 자리를 옮길 때에도 "가지 마라. 괜히 스타일 망가진다." 하며 만류한 선배들이 적지 않았다.

하지만 조리사의 궁극적인 목표는 결국 '어떻게 하면 맛있는 음식을 만드는가?' 아닐까. 나는 이 과정이 도로에서 차를 모는 것과 비슷하다고 생각한다. 목적지는 이미 정해져 있고 다만 어느 길로 가는 게 빠를까 고민하는 것이다. 생선이라는 재료를 이용해 간장조림을 할지, 제염 버터나 치즈를 사용해 굽거나 찔 것인지를 결정하는 기준은 '맛'이다.

퓨전 요리가 정통 음식의 품격을 손상시킨다고 여기는 조리사들도 있다. 하지만 내 생각은 다르다. 퓨전 요리는 더욱 맛있고 고른 영양소를 섭취하기 위해 사람들이 진화시킨 음식이다. 고춧가루로 매운맛을 낸 김치, 햄과 소시지를 곁들인 부대찌개 등도 유래를 따지자면 퓨전 음식이다. 고춧가루가 조선의 하얀 백김치와 만나 새로운 맛과 영양소를 보탠 것이나 오늘날의 퓨전 요리가 무엇이 다를까.

퓨전 요리의 매력은 '세상에 하나밖에 없는 요리'를 만들 수 있다는 것이다. 광어와 농어에 상큼한 자몽 소스를 곁들인 '자몽 스시', 무순·오이·맛살을 채 썰어 넣고 만 초밥에 치즈와 마요네즈 소스로 맛을 낸 퓨전 롤('라이언 킹') 등이 친친에서만 즐길 수 있는 메뉴였다. '일식에는 정종'이라는 공식을 깨고, 화이트 와인을 권한 것도 친친만의 매력이었다.

친친에서 일하면서 내가 배운 것은 이런 요리의 '재미'였다. 전통 메뉴와 전통 조리법에 안주하지 않고, 늘 새로운 아이디어를 구상하고 이를 실행하는 즐거움. 그때의 경험을 바탕으로 나는 매년 초 새로운 메뉴를 개발하는데, 젊은 손님이 많은 가로에선 호평을 받고 있다.

일식집은 뭐니 뭐니 해도 초밥이 맛있어야 한다. 초밥의 최고 매력은 종합적인 감촉에 있다. 혀로 느끼는 생선 살의 촉감, 밥과 생선 살

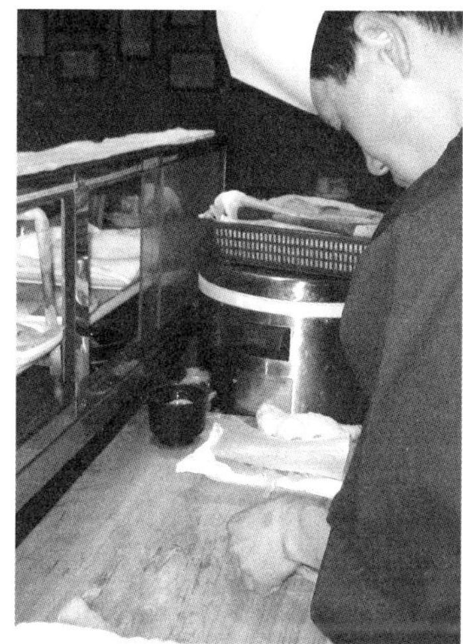

을 함께 씹는 질감과 목 넘김, 알싸하고 향기로운 와사비의 뒷맛 등이 잘 어울려야 맛있는 초밥이라는 말이다. 『미스터 초밥왕』에는 이런 이야기가 나온다.

"쥔 초밥에서 가장 중요한 것은 부드러움이다. 입에 넣었을 때 자연스럽게 흩어지는 부드러움이 생명이지. 역으로 단단하게 쥔 초밥은 거론할 가치조차 없다는 말이야. 그러나 부드러운 것은 어디까지나 입에 넣었을 때 얘기다. 그 전까지는 초밥으로서 제 모양을 갖추고 있어야 해. 그 부드러움을 가늠하는 데에 가장 좋은 것이 이쑤시개를 꽂아 보는 방법이지! 적당히 부드럽게 만들어진 초밥은 이쑤시개를 꽂아서 들어 올릴 수 있다. 게다가 먹을 때는 입 안에서 자연스럽게 흩어질 정도라야 해!"

밥을 짓는 것도 중요하다. 다시마, 술, 찹쌀 등을 살짝 우려낸 물로 밥을 짓고 뜸을 잘 들여야 한다. (혹자는 1년 묵은 쌀이 가장 맛있다고도 한다.) 다 됐다 싶으면 곧바로 밥을 헤쳐서 김을 빼내되 밥알이 흩어지지 않도록 한다. 다 된 밥에 초밥용 초(醋)를 살짝 섞어 마르지 않도록 한 후 보온밥통에 보관한다. 초밥은 사람의 체온과 비슷한 섭씨 37도 정도일 때 제 맛이 나며 방금 만든 초밥일수록 맛이 있다.

초밥을 맛있게 먹으려면 된장국 대신 녹차와 함께 초밥을 즐기는 버릇을 들여야 한다. 녹차는 잡맛을 없애 생선 각각의 고유의 맛을 느끼도록 도와준다. 초밥은 젓가락보다는 손을 사용하여 먹는 게 좋다. 초밥을 먹은 뒤엔 초생강을 한쪽씩 먹어 입을 가신 후 다음 초밥으로 넘어가면 된다. 이 정도만 알아도 충분히 초밥을 즐길 수 있다.

손님과 가까이 마주하는 기쁨

일식 조리사가 가장 중요하게 생각해야 하는 건 청결이고 정리·정돈이다. 일식집은 조리사와 손님들의 거리가 매우 가까운 경우가 많기 때문에, 요리 재료는 물론이고 칼이며 도마 같은 식도구가 손님의 시야에 드러나기 마련이다. 만약 요리 도구가 청결하지 못하면 손님은 곧바로 자리를 털고 일어날 것이다. 그렇기에 초밥 하나를 만들 때마다 손을 씻고, 도마를 행주로 훔치는 수고를 마다하지 않는 것이다.

손님과 가까이 마주할 수 있는 건 일식 요리의 또 다른 매력이다. 내가 만든 음식이 맛있다는 칭찬도 바로바로 들을 수 있고, 미식가 손님들과 대화를 나누는 것도 즐겁다. 일식에 일가견이 있는 미식가들 중에는 맛에 관한 한 일반 조리사보다 훨씬 더 전문가인 경우도 많다.

물론 까다로운 손님도 자주 만난다. "나는 자연산만 먹는 사람인데,

:: 일식 요리점은 손님과 조리사의 거리가 가까운 경우가 많다. 손님을 가까이 대하며 대화를 나누는 게 일식 요리의 또 다른 매력이기도 하다.

왜 양식을 갖다 주느냐." 하며 불만을 토로하는 손님도 있고, "이 집 요리사는 일본에 한 번도 안 가 본 사람이로구만." 하며 비꼬기도 한다. 이럴 때마다 나는 무조건 진실만 이야기하려고 한다.

하루는 사업차 일본을 자주 드나드는 미식가 손님 한 분이 참치 부위 중 가장 비싸다는 '오도로'(대뱃살)를 찾았다.

"왜 이 집엔 오도로가 없는 거요?"

이럴 땐 대개들 다 팔렸다고 말하곤 한다. 고급 재료가 없는 게 요리점으로선 자존심 상하는 일이기 때문이다. 하지만 나는 이렇게 대답했다.

"요즘 고급 부위를 찾는 분이 없어서 갖다 놓지 않았습니다. 죄송합니다."

"그래요? 요즘 경기가 어렵긴 어려운 모양이로군."

평소 같으면 불같이 화를 내거나 우리 집의 '수준'을 의심하는 질책을 할 법한 까다로운 분인데, 오히려 나의 솔직한 대답에 화를 누그러뜨렸다. 물론 그 손님의 발길은 지금도 여전하다.

조리사에게 있어 '성공'이란 무엇일까. 조리사들 사이에는 30대 중반에 셰프(조리장)가 되거나 자신의 가게를 열어야 성공이라는 이야기가 있다. 결혼하고 아이도 있을 나이에 남의 밑에서 하루 종일 일하는 것이 좋아 보이지 않는다는 것이다. 하지만 나는 그렇게 생각하지 않는다. 남들보다 늦더라도 내 손님을 맞을 준비가 될 때까지 충분히 수련하고 준비하는 것이 좋다. 한마디로 나이에 연연할 필요가 없다. 진정한 배움의 자세만 있다면 나이는 아무런 문제가 되지 않기 때문이다.

자신에게 투자하라

일식 조리사가 되고 싶은 사람들이나 일식 요리의 세계에 첫발을 딛는 사람들에게 꼭 해 주고 싶은 말이 있다. 자기 자신에게 투자하라! 외국어 공부도 하고 틈틈이 요리 경연 대회에도 참가하면 더욱 좋다. 물론 어느 정도의 위치에 오르기 전까지는 절대적 시간이 부족하다. 그러나 이는 누구에게나 다 동일한 조건이니 포기하지 말라. 선배들을 찾아가 그들이 어떤 책을 읽는지, 어떤 자료로 공부하는지 묻고 또 물어라. (나 역시 후배들의 요청이나 질문에 손수 자료를 찾아 갖다 주곤 하니까.)

항상 공부하는 자세로 메모하는 습관을 기르는 것도 중요하다. 내 경우 처음 요리에 입문한 지 3년 동안 날마다 하루 일과를 정리하는 일기를 썼다. 끊임없이 공부하고, 자신을 되돌아보는 과정을 통해 자신만의 진짜 레시피가 나오는 것이다.

무엇보다 직접 발로 뛰며 맛있는 음식을 맛보는 게 중요하다. 책이나 신문, 방송 같은 매체에 의지하지 말고 스스로 찾아다녀 보라. 이 집은 이래서 맛있고 저 집은 저래서 맛이 없다는 걸 스스로 느껴야 한다. 부산에서 손꼽히는 일식집에서 일하는 한 선배는 휴일이면 천릿길을 마다 않고 서울로 올라와 맛집을 순례하며 음식 맛을 보고 내려가곤 한다. 현재에 머물지 않고, 더 나은 맛을 찾는 수고를 아끼지 않는 것이다.

나 역시 휴일이면 책을 보거나 각종 요리 행사장에 들르거나 맛있기로 이름난 집을 찾아다닌다. 정말 괜찮은 집이다 싶으면 "저는 일식 요리를 공부하는 사람입니다."라고 이야기하며 음식에 대한 조언을 구하기도 한다. 그러면 백이면 백, 다 친절히 설명해 준다. 그렇게 쌓은 인맥도 적지 않다.

내 꿈은 그리 거창하지 않다. 그저 나이 들어 남들에게 피해 주지 않고 살며, 언제고 젊은이들이 좋아하는 스타일의 일식 요리점을 차리는 게 꿈이다. 가게는 크지 않아도 된다. 그저 나 혼자 감당할 수 있는 규모이면 좋겠다. 그처럼 소박한 결실이라도 볼 수 있다면 그게 나의 '성공' 이다.

(구술 정리 : 이오성)

요리의 황제,
프랑스 요리를 하는 기쁨

| 김광오 |

1968년생. 1994년 파리 르꼬르동블루에서 요리 과정과 포도주 양조학 과정을 수료했으며, 1995년 런던 르꼬르동블루에서 제과 과정을 수료했다. 1998년 이탈리아 ICIF요리학교를 수료했다. 금호호텔, 프랑스 라 리꼬흔(La Licorne) 레스토랑, 영국 런던 클라리지스호텔(Clariges hotel) 프랑스 레스토랑에서 근무했다. 현재는 신라호텔 조리팀 부주방장으로 일하면서 요리사랑(www.yorisarang.com) 대표 및 한국식공간연구학회 상임이사로 활동하고 있다.

1991년 2월, 처음 요리사가 되겠다고 마음을 먹었을 때가 생각난다. 당시만 해도 대학에 조리과가 갓 개설된 시기라 요리사 관련 정보를 찾기가 어려웠다. 다만 양식 요리 용어 상당 부분이 영어가 아닌 프랑스어로 쓰여 있다는 것이 매우 의아했던 기억이 난다. 그 후 지금 한국의 서양 요리는 일본을 통해 미국에서 건너온 것이고, 또 미국의 요리는 유럽에서 온 것이라는 걸 알았다. '그래! 서양 요리의 원천은 바로 프랑스야!' 나는 프랑스 요리를 공부하기로 마음먹었다.

17세기, 파리가 유럽의 중심이던 그 시절 모든 길은 파리로 통했고, 세계의 중요 회의는 파리에서 열렸으며 국제어 또한 프랑스어였다. 그 때부터 많은 요리책이 프랑스어로 출판되고 유럽은 프랑스 요리를 중심으로 우뚝 섰다. 전 세계가 지금까지 사용하고 있는 식당이란 뜻의 레

:: 신라호텔 조리팀 조리사들이 모여 각자가 개발한 메뉴를 시식하면서 평가를 하고 있다.

스토랑(restaurant)이나 소스(sauce), 메뉴(menu), 뷔페(buffet) 등 상당 부분의 요리 관련 언어가 프랑스어인 것도 이 때문이다.

프랑스는 요리 자체가 문화와 정치의 역사이며, 요리사 역시 그 시대 가장 역사적인 인물의 측근이었다. 프랑스 요리는 예술의 일부분으로 인식되어 거장들이 예술 작품을 빚어내듯 장인 정신으로 완성해 온 문화적 열매이다. 뿐만 아니라 프랑스의 집권층들은 요리를 정치력의 일부분으로 사용할 줄 알았다. 때로는 자신의 권력을 과시하기 위하여, 때로는 외교적인 목적으로 최고의 요리사를 전면에 내세웠다. 맛있는 음식을 먹고 나면 사람이 부드러워진다는 것을 프랑스인들은 너무나 잘 알았던 것이다.

나는 2003년 프랑스의 유명한 요리장 베어나르 루아조(Bernard Loiseau)의 자살 사건을 지금도 잊을 수가 없다. 현존하는 세계 최고의 요리장 중 젊은 축에 속했던 베어나르 루아조가 사망했을 때, 프랑스 시라크 대통령을 포함해 전 국민이 애도하였으며, 전 세계의 미식가들이 그의 죽음에 대한 충격에서 오래도록 벗어나지 못했다. 또한 그의 장례식장에는 프랑스 일급 요리사들을 비롯해 2000명이 넘는 인파가 운집했다. 장 자크 아야공 프랑스 문화부 장관은 "그의 요리는 완벽했다."라는 내용의 공식적인 애도 성명을 발표했으며, 일간지 『르 몽드』는 "사람은 가도, 그의 요리는 남아서 진화한다."는 기사로 루아조 요리 비법의 영속성(永續性)을 강조하기도 했다.

이처럼 프랑스 요리사들은 예술가로 인정받으며 예술가로 활동하고 있다. 어떤 이는 연예인 못지않은 스타로, 어떤 이는 사회 유명 인사로, 또 어떤 이는 작가로 활동한다. 나 역시 그의 죽음을 애도했지만, 한편으로 그의 높은 위상이 더없이 부러웠다.

프랑스 요리가 까다롭다는 편견을 버려!

나는 프랑스 요리를 전공했다. 또 프랑스 르꼬르동블루에서 유학하고, 그곳의 레스토랑에서 일하며 4년의 시간을 보냈다. 그러나 단 한 번도 프랑스 요리가 까다롭다고 생각해 본 적이 없다. 흔히 사람들은 프랑스 요리는 요리하기에도, 먹기에도 까다롭고 어렵다고 하지만 이는 편견이고 문화적 차이일 뿐이다. 프랑스 사람들에게 한국의 7첩 반상 상차림과 그 먹는 법을 설명해 보라. 그러면 요리법도 먹는 방법도 너무 어렵다며 금방 지칠지 모른다. 식사법이 어렵게 느껴지는 건 우리가 자주 접하지 않았기 때문이다. 프랑스 요리는, 어렵다는 고정관념에서만 벗어난다면 결코 어렵지 않다. 테이블에 놓인 포크와 나이프는 바깥에서 안쪽으로, 와인 잔은 큰 것부터 차례로 물, 화이트 와인, 레드 와인 잔이라는 등의 기본 상식만 안다면 말이다.

:: 신라호텔에서는 1995년에서 1997년까지 총 4차에 걸쳐 세계 최고 요리 명장인 프랑스의 알랭 상드랑(Alain Senderens)을 초청해 프로모션했다. 알랭 상드랑은 세계 최고의 미슐린 3 스타 레스토랑인 Lucas Carton의 오너이자 요리장이다.

프랑스 요리가 까다롭고 버터와 크림을 너무 많이 사용하며 무겁다는 인식을 깨기 위해 프랑스 요리계는 오래전부터 노력을 기울여 왔다. 베어나르 루아조는 누벨 퀴진(nouvelle cuisine)이라는 걸쭉한 루(roux) 대신 맹물을 사용하는 등 새로운 프랑스 요리법을 개발해 선풍적인 인기를 누리기도 했다.

소금 간을 충분히 살리고, 고도의 기술을 구사해 섬세한 맛을 내고, 포도주와 향신료와 소스로 맛을 내는 것이 프랑스 요리의 특징이다. 프랑스는 지리상 지중해와 대서양에 면하고 있어서 기후가 온화하고 수산물과 농축산물이 풍부하여 요리 재료가 다양하다. 프랑스 제일의 특산물인 포도주는 요리와 관계가 깊으며, 산지에 따라 맛, 빛깔, 향이 다르고 종류가 수없이 많다. 일반적으로 백포도주는 생선 요리에, 적포도주는 육류 요리에, 중간색인 분홍색 포도주는 생선과 육류 요리에 다 맞으며, 음용 외에 요리의 맛을 돋우고 부드럽게 하기 위한 조미료로도 이용되고 있다. 향신료로는 파슬리의 줄기, 후추, 로리에, 셀러리, 넛맥, 사프란 등을 쓰는데, 이를 두서너 가지씩 혼합하여 사용함으로써 미묘한 맛을 창출한다. 또 프랑스 요리에서는 소스가 중요한 역할을 하는데, 다양하게 발달했다.

세계적으로 유명한 프랑스 요리로는 달팽이 요리, 특수한 조건에서 사육한 거위 간으로 조리한 프와그라, 흑갈색의 송로, 생굴 요리 등이 있다.

프랑스 요리의 메뉴 구성 및 순서를 살펴보면 다음과 같다.

오르되브르(hors-d'oeuvre)은 서양 요리의 전채에 해당한다. 즉 일정한 코스로 요리를 내놓을 때 주 요리가 나오기 전에 내는 소품으로서, 우선 먹기 좋고, 주 요리에 균형이 잡히도록 하며, 그 자체의 맛 또는 신맛으로 인해 위액의 분비를 촉진하도록 돕는다.

수프(potage, soup)는 주 요리의 제1코스이다. 콩소메는 맑게 끓인 수프를 말하고, 포타주는 걸쭉한 수프를 의미한다.

생선 요리(poisson, fish)는 수프 다음에 내놓는 요리이다. 바다 생선, 민물 생선, 갑각류, 패류 등 여러 가지 재료를 사용하며, 식용 개구리를 이 생선 요리 코스에서 제공하기도 한다. 생선 요리에는 홀란데이즈 소스(hollandaise sause), 뉴버그 소스(newburg sauce), 모르네 소스(mornay sauce), 메트르 도텔 소스(maitre d'hotel sauce), 보들레즈 소스(bordelaise sauce), 콜베르 소스(colbert sauce), 카르디날 소스(cardinal sauce), 타르타르 소스(tartar sauce) 등을 곁들인다.

생선 요리 다음에는 앙트레(entrée)를 낸다. 앙트레는 디너 중간에 나오는 요리라는 의미에서 미들 코스라고도 한다.

채소 요리(salade)는 주로 차갑다. 레티스(양상추), 양배추, 오이,

토마토, 셀러리 등을 삶아 익혀서 사용하며 마요네즈와 비네그레트 계통의 드레싱을 사용한다.

디저트(dessert)는 후식이다. 디저트의 종류로는 달콤한 것과 치즈 및 치즈 요리가 주가 된 세보리(savoury), 그리고 바바루아(bavarois), 블랑망제(blanc manger), 샤를로트(charlotte), 무스(mousse) 등의 찬 후식, 베녜(beignets), 크레페(crepes), 푸딩 등의 더운 후식이 있다. 이 외에도 과일이나 건과, 건포도를 내기도 한다. 세보리는 "한입의 요리"라는 뜻을 담고 있으며, 후식 코스는 본격적인 정찬이 아니면 생략하기도 한다.

식후 마지막 코스로 음료를 제공하는데 보통은 커피를 제공하지만, 때때로 홍차, 코코아 등을 더해 손님이 마음대로 선택할 수 있도록 하기도 한다.

프랑스 요리는 요리의 대표 주자이면서도 우리나라에서만큼은 이탈리아 요리처럼 대중화되지 못했다. 그러나 나는 삶의 질과 경제력이 높아짐에 따라 분명 프랑스 요리가 대중화되는 날이 올 것이라고 생각한다. 이는 음식 문화가 더 발달한 일본이나 미국 등 선진국의 예를 보아도 알 수 있는 일이다. 30년 전만 해도 우리는 배가 고파서 레스토랑을 찾았다. 그때만 해도 우리는 값싸고 빠르게 먹을 수 있는 자장면이나 국밥 등으로 배를 채우고 일터로 나가야 했던 시절이었다. 하지만 지금은 배가 주린 사람은 거의 없다. 경제가 발전하면 할수록 외식 문화는 더 발달할 것이고, 사람들은 양보다 질을 선호하게 될 것이다. 때문에 프랑스 요리의 전망은 매우 밝다고 자신한다.

:: 동료 조리사들과 함께. 왼쪽
부터 신라호텔 임동빈, 서보상,
김성국 주방장, 그리고 필자.

호텔 수석 주방장이 되려면 프랑스 요리 전공이 필수

나는 현재 신라호텔 조리팀의 부주방장으로 일하고 있다. 내가 근무하는 곳에는 요리사만 200여 명이 있다. 그 중 일식과 중식, 한식을 제외한 대부분의 요리사들이 양식을 전공했는데 그들은 모두 프랑스 요리에 많은 관심을 가지고 있다.

한 사람의 조리사가 모든 음식을 할 수 없듯이 조직이 큰 호텔일수록 일이 분업화되어 있다. 주방장의 의도대로 메뉴가 개발되면 사진을 찍고 홍보도 하고, 요리도 하나의 상품이 된다. 그 상품은 곧 고객과의 약속이 되고, 각 섹션 요리사들은 지시 받은 대로 맡은 바 임무를 다하여 그와 똑같은 음식을 고객께 제공할 의무가 있다. 그렇지 않고 조리사들이 각기 자기 취향대로 음식을 만든다면 조직은 분명 원활하게 돌아가지 않을 것이다.

물론 각 업장마다 조금씩 차이가 있겠지만 호텔의 프랑스 요리 주방은 통상 차가운 요리를 하는 콜드 섹션, 뜨거운 요리를 하는 핫 섹션, 고기 등을 만지는 부처로 나눌 수 있다. 그리고 섹션별로 조리사의 업무가 구분되는데, 신라호텔 주방을 예로 들어 설명하면 다음과 같다.

▶ 콜드 섹션(cold section): 애피타이저, 차가운 수프, 샐러드, 카나페, 한식 등 여러 종류의 차가운 요리를 전담한다.

▶ 핫 섹션(hot section): 소스, 수프, 육수, 육류 요리, 생선 요리, 고명 등 여러 종류의 뜨거운 요리를 전담한다.

▶ 부처(butcher): 육류, 생선, 해산물 등 기본 식재료 손질을 전담한다.

또 호텔 주방의 경우 각 직급 간 업무 범위와 책임이 명확히 규정되어 있다. 직급별로 책임주방장, 부주방장, 조리사 등이 있다.

책임주방장(chef)은 조리 정책을 기반으로 주방의 제반 사항에 대한 관리 및 통제권이 있으며 모든 행정적인 업무를 처리한다. 식당 지배인과 유기적인 관계를 맺으며 영업 이익에도 최선을 다한다. 고객의 불평 사항에 대한 책임 또한 책임주방장에게 있다. 책임주방장의 주요 업무는 메뉴 작성 및 교육, 신상품 개발 및 프로모션(promotion) 실시, 식재료 주문, 주방 인원의 지휘와 감독, 시장 조사, 전문 조리 기술의 전수, 매출 및 원가 관리, 고객 관리, 주방 시설 관리, 화기 및 안전·위생 관리에 대한 교육 실시 등이다.

부주방장(sous chef)은 책임주방장 부재 시 모든 업무를 대행하며 그 책임을 진다. 하급 사원과 상급 사원 간에 원활한 관계가 유지될 수 있도록 중재 역할을 한다. 또 새로운 메뉴 개발에 최선을 다하며 조리 기술을 지도하거나 연구, 개발에 노력한다. 부주방장의 주요 업무는 주방 기기와 기물 관리, 주방 창고 관리, 각 섹션 간의 유기적인 협력 도

:: 조리대에서 요리를 하고 있는 필자.

모, 상품 지식에 대한 교육 실시, 선입·선출의 재고 관리, 요리사의 업무 감독 및 지도, 완성된 요리 점검, 신메뉴 사진 촬영 및 관리 등이다.

조리사는 책임주방장, 부주방장, 섹션 장의 지시에 따라 업무를 처리한다. 또 영업 준비에 최선을 다하며 직접 조리한다. 주요 업무로는 실무 위주의 업무, 조리장의 청결 유지 및 관리, 식재료 수령 및 보관, 저장 관리, 담당 기기와 기물의 청결 유지 및 관리, 제반 규정 사항 준수 및 임무 수행, 전반적인 업무에 관한 협조 체제 유지, 린넨류 반납 및 수령, 소모품·창고 물품 수령 및 정리·정돈 등이다.

호텔 레스토랑에서는 일이 빠르게 돌아간다. 철저한 변형 근로제의 실시로 8시간 근무이지만 정신이 하나도 없을 정도이다. 오전 9시, 정오 12시, 그리고 오후 2시 조가 있다. 매일 반복되는 업무에 가끔은 슬럼프가 올 때도 있지만, 그때마다 최고의 요리사를 꿈꾸며 참고 또 견뎌야 한다. 그렇게 힘겨운 가운데서도 내 음식에 대한 손님의 평가가 웃음으로 돌아오면 한없이 기쁘다.

훌륭한 프랑스 셰프가 되려면

나 역시 조리사의 길을 걷고 있지만 프랑스 조리장의 길도 만만치 않다. 훌륭한 프랑스 셰프(chef)가 되려면 다음과 같은 조건이 필수적이다.

첫째, 장인 정신이 필요하다. 고객의 입맛에 맞는 음식을 최대한 이끌어 내야 한다. '대충', '적당히'는 있을 수 없다.

둘째, 투철한 서비스 정신과 봉사 정신, 희생 정신이 필요하다. 요리는 결국 남을 위한 배려이기 때문이다.

셋째, 원만한 인간관계를 맺을 수 있어야 한다. 요리는 한 사람이 만드는 것이 아니라 여러 사람이 협력해 만드는 종합 예술체이다. 혼자 잘나고 혼자 잘하는 독불장군은 필요 없다.

넷째, 예술적인 감각이 필요하다. 현대의 요리는 단순 작업이 아니라 순간적으로 요리를 장식하는 예술적인 감각을 필요로 한다. (그러나 이 부분은 꾸준히 노력하면 얻을 수 있으므로 지금 감각이 부족하다고 해서 걱정할 필요는 없다. 천재는 99퍼센트의 노력으로 만들어진다고 하지 않던가.)

다섯째, 투철한 직업의식이 필요하다. 자기 직업에 자부심을 갖지 못하는 사람이 어떻게 훌륭한 요리를 만들 수 있겠는가. 예전에는 우리나라에서 조리사를 등한시했지만 이제는 다르다. 자신의 직업을 자랑스럽게 생각해야 한다. 손님의 목숨을 담보로 독이 될 수도 있고 약이 될 수도 있는 음식을 만드는 신성한 직업이기 때문이다. 이런 책임감이 있어야 훌륭한 요리를 창조할 수 있다.

최고가 되겠다는 결심이 섰는가. 항상 연구하는 자세로 끊임없이 자신을 연마할 자신이 있는가. 그러면 당신에게 프랑스 요리에 도전해 볼 것을 권한다. 요리의 중심, 프랑스 요리에서 당신의 꿈을 마음껏 펼치길 바란다.

프랑스 요리의 선구자들

앙투안 카렘(Antoine Careme) : 천재적인 요리 명장으로 손꼽히는 앙투안 카렘은 1784년 프랑스에서 태어났다. 카렘은 미학의 입장에서 생각하고 예술적인 관점에서 요리를 만든 사람이다. 카렘은 조리 이론에 관한 수많은 명저를 남겼다. 오늘날 카렘은 프랑스 요리의 아버지라고 불리며, 프랑스에서는 훌륭한 조리사에게 주는 카렘 상도 제정되어 시행하고 있다.

위르뱅 뒤부아(Urbain Dubois) : 1818년 프랑스에서 태어났다. 뒤부아는 오랜 시간 러시아 황제를 섬긴 요리사로, 예술적 센스와 화려함만을 내세워 따뜻한 요리와 차가운 요리를 한 번에 다 늘어놓는 기존의 프랑스 요리를 지양하고 식사 코스마다 요리를 내놓는 러시아 식 서비스법을 프랑스에 유행시켰다. 러시아의 모스코바는 날씨가 추워서 음식이 금방 식어 버렸는데 이를 피하기 위해 요리를 하나씩 내놓았다. 여기서 아이디어를 얻어 뒤부아가 발전시킨 이 서비스법은 전 세계로 보급되었으며 지금도 코스 요리 서비스의 원천이 되고 있다.

오귀스트 에스코피에(Auguste Escoffier) : 1846년 태어난 오귀스트 에스코피에는 프랑스 요리의 왕이라 불렸다. 에스코피에는 19세기 중반부터 20세기 중반까지 활발하게 활동했으며, 그의 수제자들은 대부분 미국의 대형 호텔 총조리장으로 활약하고 있다. 에스코피에는 사보이호텔, 그래브너하우스호텔, 칼톤타워

호텔 등의 조리장으로 생애의 반 이상을 보냈다. 에스코피에는 아무리 예술적인 데커레이션이라 해도 먹지 못하는 것은 요리에서 제외시켰다. '낭비 없는 품위'라고 표현되는 그의 신념을 프랑스 요리의 모든 분야에서 관철시켰다. 에스코피에는 현대 호텔 시스템의 창시자이자 아버지이기도 하다. 호텔 조리사들이 사용하고 있는 전표 제도(전표를 3장으로 작성해 홀, 주방, 계산대 등 모두에게 갈 수 있도록 한 전표 제도)도 당시 그가 개발한 시스템이다. 또 그가 남긴 요리 교재 및 메뉴도 셀 수 없을 만큼 많다.

이탈리아 요리로
인생을 즐기다

| 심재호 |

1966년생. 경희호텔전문대 조리학과를 졸업하고 건국대학교 식품공학과에서 석사학위를 취득했다. 노보텔 앰버서더호텔, 캐피탈호텔 등에서 14년간 조리사로 일했다. 현재 이탈리아 요리 전문 학교 '일 꾸오꼬'를 운영하며 백석문화대학의 전임교수로서 후진 양성에 힘쓰고 있다. 세계음식박람회 경연대회에서 최우수상을 수상했으며, 저서로 『여자보다 요리 잘하는 남자』, 『허브와 샐러드』, 『치즈와 차가운 요리』, 『이탈리아 요리와 프랑스 요리』 등이 있다.

"이렇게 맛있는 음식은 난생처음이야."

낯설고, 물설은 이탈리아 땅 나폴리의 어느 마을에서 나는 연신 감탄을 터뜨렸다. 독일, 스위스, 프랑스… 부유하고 세련된 유럽의 여러 나라를 여행하던 한국인 청년은 결국 이탈리아에 이르러서야 '필'이 꽂혔다. 하루 세 끼 파스타만 먹고, 저녁마다 피자 한 판을 해치우는데도 도무지 물리지 않았다. 그저 즐겁고 행복하기만 했을 뿐. 이런 걸 타고난 운명이라고 해야 하는 걸까.

스무 살, 북한산 기슭 올림피아호텔에서 초보 요리사로 처음 일을 시작했다. 그리고 한참 뒤에 휴가를 얻어 떠난 첫 번째 유럽 여행은 한마디로 '신대륙의 발견' 같은 것이었다. 유럽 7개국을 순회하면서 나는 유독 이탈리아 요리에 빠졌다. 그때만 해도 서양 요리사는 '양식 전공'

이라고 말하던 시절이었고, 이런 나를 주위에선 좀 독특한 취향이라고 의아해했다. 하지만 나는 개의치 않았다. 구구절절한 설명이 필요 없었다. '태어나서 가장 맛있는 요리'를 맛본 순간, 이미 나는 이탈리아 요리사가 되기로 결심했으니까.

"이탈리아 요리가 뭡니까? 피자와 파스타 빼면 이탈리아 요리엔 뭐가 있는지 잘 모르겠어요."

흔히 사람들이 내게 묻는 말이다. 그렇다. 우리나라 사람들은 피자와 파스타를 제외하고는 이탈리아 음식을 낯설어한다. 일본이나 프랑스 음식들은 더러 가깝게 느끼는 데 비해 이탈리아 음식 하면 "글쎄…." 하고 고개를 갸우뚱거린다. 당연하다. 나 역시도 10년 전 이탈리아 땅을 밟지 못했다면 아직도 이탈리아 음식이 낯설었을 테니까.

우리나라에 이탈리아 음식이 알려지기 시작한 것은 불과 20년 전의 일이다. 그것도 정통 이탈리아 요리가 아니라 전쟁 이후 미군을 통해 들어온 피자와 파스타가 전부였다. 말이 피자요 파스타지, 미군들이 즐겨 먹는 치즈 범벅 밀가루 요리였다. 그렇다고 제대로 된 이탈리아 요리점이나 프랑스 요리점이 있었던 것도 아니었다. 당시 우리나라에선 일식과 중식 정도를 제외하면 외국 음식은 모두 '경양식(pub restaurant)'이었을 뿐이다.

확실히 정의하자면 서양 요리는 곧 유럽 요리, 유럽 요리는 곧 이탈리아 요리를 뜻한다고 해야 옳다. 즉 서양 요리는 이탈리아로부터 뻗어 나왔다는 뜻이다. 지금 우리나라에서는 프랑스 요리가 대세인 것처럼 여겨지지만, 실제로 유럽 요리의 진수는 이탈리아 요리다. 최고의 요리로 알려진 프랑스 요리도 르네상스 시대에 이탈리아 메디치 가문의 캐서린이 프랑스에 시집 갈 때 데려간 요리사들이 프랑스에 다양한 요리를 전파시키면서 발전된 것이기 때문이다.

그래서 나는 이탈리아 요리사의 이야기를 하기 위해선 "이탈리아 요리란 무엇인가?"란 질문부터 던져야 한다고 생각한다. 다소 딱딱할 수도 있지만 독자들과 함께 이 질문의 답을 찾아보고 싶다.

빈대떡과 피자, 칼국수와 파스타

"어째서 우리 요리가 이탈리아 요리와 비슷합니까? 달라도 너무 다른데요."

내가 강의를 하면서 "이탈리아 음식과 우리 음식은 비슷한 점이 아주 많다."고 이야기하면 학생들은 고개를 갸웃거린다. 언뜻 생각하면 당연한 반응이다. 기본적으로 쌀을 주식으로 하는 민족과 밀을 주식으로 하는 민족이니 차이가 큰 것처럼 보일 밖에 없는 것이다.

하지만 당장 빈대떡이나 파전을 피자와 비교해 보면, '토핑을 얹은 밀가루 반죽'이라는 점에서 서로 닮아 있다. 다만 이탈리아는 가마나 오븐을 이용해 굽지만, 우리는 팬 혹은 솥뚜껑을 이용해 불 위에서 굽는다는 차이만 있다. 파스타의 한 종류인 스파게티와 우리나라의 면 음식도 마찬가지다. 이탈리아에서는 면을 삶은 뒤 볶아서 먹는 반면, 한국에서는 면을 삶아 먹거나(칼국수) 반죽을 뜯어서 끓여 먹는(수제비) 차이가 있다고나 할까.

이탈리아와 우리나라는 자연 환경도 비슷하다. 이탈리아는 육지 형태가 장화처럼 생긴 긴 반도로, 삼면이 바다로 둘러싸여 있다는 점에서 우리나라와 닮아 있다. 산야가 목축지로 이용되고 있다는 점만 다를

뿐, 국토에 산의 비중이 큰 것도 비슷하다. 이탈리아에는 목축업 농가가 많고, 농지에선 보리, 밀, 옥수수 등의 곡물이 주로 생산된다. 특히 남부 지방에서 생산되는 경질의 밀이 파스타의 원료가 되고 있다.

1861년 통일이 되기 전까지, 이탈리아는 많은 작은 국가들로 나뉘어 있었기에 독립적인 문화 속에서 지방마다 독특한 요리가 발달했다. 이탈리아 요리는 크게 공업이 발달한 밀라노를 중심으로 한 북부 요리와 해산물이 풍부한 남부 요리로 나눌 수 있다.

북부 지방의 대표적인 요리로는 옥수수를 이용한 죽 요리 폴렌타(polenta), 쌀을 이용한 떡 요리 리조토(risotto)가 있다. 그리고 아드리아 해에서 잡히는 게, 정어리, 뱀장어와 알프스에서 흘러 내려오는 맑은 물에서 잡히는 송어 등을 이용한 생선 요리를 비롯해, 뼈가 붙어 있는 송아지 다리를 백포도주로 조리한 밀라노풍 육류 요리 등 다양한 요리가 발달했다.

이탈리아 남부의 중심지는 나폴리이다. 나폴리는 피자가 유명하고 시실리 지방은 파스타 요리가 유명하다. 남부 지방에서 파스타 요리가 발달한 이유는 사람들의 생활이 빈곤했기 때문이다. 비교적 간단한 레시피로 손쉽게 만들 수 있는 요리가 바로 파스타였다. 우리나라에서도 폭발적인 인기를 끌고 있는 파스타 요리가, 실은 가난한 이탈리아인들의 음식이었다는 점은 참으로 의미심장하다.

흔히 이탈리아 사람들은 '하루에 다섯 끼를 먹는 민족'이라고 불린다. 복잡한 한국식 요리법이라면 상상도 못할 사치이지만, 이 중 두 끼는 커피와 빵 정도로 때우는 간단한 식사이기 때문에 하루 다섯 끼의 식사가 가능하다. 이탈리아인들은 먹는 것만큼이나 식사 시간을 즐긴다. 가족, 친구들과 어울려 왁자지껄 떠들며 식사를 즐기는 모습은 이

:: 심재호 씨가 만든 파스타.

탈리아 어디를 가도 흔한 풍경이다.

이탈리아 음식의 가장 큰 장점은 여러 식품군의 음식을 골고루 섭취할 수 있다는 것이다. 한 상에 모든 음식을 차려 내는 게 아니라 순차적으로 해산물, 육류, 야채류 등을 다양하게 맛볼 수 있다. 그러므로 한꺼번에 국, 밥, 찌개 등이 나오는 우리나라와 달리 코스로 나오기 때문에 편식할 염려가 없다. 모든 요리가 각 코스마다 서로 다른 재료를 사용해 순서대로 조금씩 나오므로 싫더라도 각 영양소를 골고루 섭취하게 된다. 전통 이탈리아 요리 코스는 안티파스토(전채 요리), 프리모 피아토(쌀과 파스타가 주로 나온다), 세콘도 피아토(메인 요리), 돌체(디저트) 등의 순으로 구성된다.

빵과 와인은 식사의 처음부터 끝까지 늘 함께한다. 특히 와인은 이탈리아 요리에서 빼놓을 수 없는 필수 요소이다. 유명한 이탈리아 요리사 바르톨로메오 사키(Bartolomeo Sacchi)가 "와인이 없는 식사는 즐겁지 않을 뿐만 아니라 건강에도 좋지 않다."고 한 것에서도 짐작할 수 있듯이 이탈리아 사람에게 와인 없는 식사란 생각할 수도 없다. 흔히 와인 하면 프랑스 요리를 떠올리지만 역사적으로나, 생활 풍습으로나 이탈리아 사람은 전 세계 어느 나라 사람보다도 와인과 밀접하다.

이탈리아를 알아야 이탈리아 요리도 할 수 있다

각 도시, 각 지방마다 다양한 특징을 가진 이탈리아 요리에도 빠질 수 없는 공통분모가 있다. 바로 '살사 디 포모도로'라고 하는 토마토소스이다. 토마토는 신대륙 발견 뒤 이탈리아에 들어와 나폴리를 중심으로 재배되었으며, 과육이 두툼하고 비교적 신맛과 수분이 적어 훌륭한 요리 재료가 되었다.

이탈리아 요리의 맛을 내는 데 빼놓을 수 없는 또 다른 재료는 올리브유이다. 해산물 샐러드나 야채 샐러드의 드레싱에 주로 사용되며, 구운 생선에도 올리브유를 쳐서 먹는다. 재료 본연의 맛을 살리는 것이 특색인 이탈리아 요리에서 올리브유는 매우 중요한 역할을 한다. 그 자체의 맛은 거의 없고 오히려 재료의 색다른 맛을 끌어내는 힘이 있기 때문이다.

허브 또한 매우 중요하게 쓰인다. 허브 향을 이탈리아의 향기라고 할 정도이다. 특히 바질, 로즈마리, 오레가노, 이탈리아 파슬리 등이 많이 쓰이는데, 요리에 얹어 풍미를 더하거나 소스를 만들 때나 요리 재료를 볶을 때 함께 넣으면 고기나 생선의 잡맛을 없애고 향을 더한다.

향신료로는 월계수 잎 같은 홀(whole), 씨 상태인 시드(seed), 가루로 만든 파우더(powder) 등 3가지 형태가 있다. 이탈리아 요리를 하기 위해 수많은 향신료를 처음부터 다 갖출 필요는 없다. 먼저 후추, 넛맥, 마늘, 파프리카 등 두루 쓰이는 향신료를 사용하다가 익숙해지면

시나몬, 정향, 앙겨자, 오레가노, 올스파이스 등을 장만하면 된다.

　우리나라의 김치가 대대손손 유지되는 것처럼 정통성이 있는 식재료들은 결코 사라지지 않는다. 그러나 한때 엄청나게 유행했던 퓨전 요리점들은 이 점을 간과했다. 이탈리아 요리엔 특유의 소스와 향신료가 필요한 법이다. 지금 이른바 퓨전이라 불리는 요리점들을 살펴보라. 어디 한 군데라도 제대로 남아 있는 곳이 있는가. 따지고 보면 음식도 족보이고, 족보가 불분명한 음식은 결코 살아남을 수 없다는 게 내 생각이다. 족보를 알기 위해선 직접 현지에 가 봐야 한다.

　이탈리아에 한 번도 가 보지 않은 몇몇 요리사들은 이탈리아 요리를 한 번 먹어 보고 "기본적으로 우리 입맛에 맞지 않는다."고 단정해 버리기도 한다. 이런 이야기를 들을 때마다 나는 솔직히 험한 말이 튀어나온다.

　"저놈의 입을 바느질해 버릴까."

　이탈리아에 가 보지 않고 이탈리아 요리를 하는 건, 한 번도 한국에 온 적 없는 미국인이 미국 현지에서 한식 식당을 운영하는 것과 같다. 그래서 나는 시간이 날 때마다 이탈리아 여행을 떠난다. 이탈리아 여행이야말로 바쁜 내 일상에서 유일한 충전의 기회이자 최고의 학습 기회이다.

　내가 운영하는 이탈리아 요리 전문 학교 '일 꾸오꼬'에서 문화와 언어 교육을 중시하는 것도 이 때문이다. 최대한 이탈리아 현지 분위기를 느낄 수 있도록 배려하는 것이다. 8개월 동안 이탈리아 원어 교재를 이용해 수업을 진행하고, 이탈리아 현지 요리 학원과 공식 조인을 맺고 수업 과정 등을 공유한다. 졸업할 즈음엔 원어 레시피를 독해할 수 있는 것은 물론, 현지에 유학을 가서도 큰 어려움이 없도록 가르친다.

:: 이탈리아 요리 학교 '일 꾸오꼬' 학생들의 요리 실기 중간 평가 시험이 한창인 모습이다.

내가 스물여덟 늦은 나이에 대학 진학을 결심했던 것은 이런 배움의 공간이 없는 것, 특히 한 나라의 요리만을 전문적으로 연수 받을 수 있는 학습 기관이 없다는 것에 대한 아쉬움 때문이기도 하다. 그러므로 지금의 '일 꾸오꼬'는 이탈리아 요리에 대한 애정과 학습 공간의 부족에 대한 아쉬움이 만나 이루어진 곳이라 할 만하다.

요리와 바꾼 청력

요리는 부단한 배움이고, 노력이라고 학생들에게 강조하곤 하지만 내 경우 운명적인 요소도 더러 있었다.

태어난 지 얼마 되지 않았을 때 일이다. 집에 한 스님이 찾아왔다. 스님은 갓난아기였던 나를 찬찬히 뜯어보더니 "이 아이는 나중에 커서 선생님 아니면, 칼을 쓰는 사람이 될 겁니다."라고 했단다. 어머니는 그 말을 듣고 흠칫 놀라셨다고 한다. 선생님은 그렇다손 치더라도 칼 쓰는 사람이라니, 이 얼마나 동떨어진 이미지인가. 아마도 그때 당시 어머니는 칼 쓰는 사람의 부류에 요리사가 포함된다고는 생각지 못하셨을 것이다.

세월이 흐른 후 '칼 쓰는 법'을 가르치는 선생 노릇을 하고 있으니 그 스님의 예언은 기가 막히게 맞아떨어진 셈이다. 다만 어머니께서 내가 칼 쓰는 사람이 된 모습만 보셨을 뿐, 선생이 된 모습은 보지 못하고 돌아가셨다는 점이 한스러울 뿐이다.

스님의 예언 때문이었는지, 나는 이미 일곱 살 때 요리를 했다. 남들이 들으면 깜짝 놀랄 정도로 어린 나이다. 부모님께서 장사를 하시는 탓에 여섯 살 터울 동생과 어울려 집에서 보내야 하는 시간이 많았던 그때, 왜 그랬는지는 지금도 알 수 없지만 문득 제사상을 차려 봐야겠다는 생각이 들었다. 아마도 부모님 없이 동생과 지내야 하는 시간이 많았던 터라 일가친척들이 북적이는 제삿날 풍경이 그리웠었나 보다. 제사상이라고 해 봐야 연탄불에 밥을 짓고, 밀가루 반죽으로 빵을 굽고 하는 정도가 전부였지만 일곱 살짜리 아이가 해내기는 쉽지 않은 일이었다. 지금 생각해도 그때 만든 밥이며 빵이 제법 맛있었던 기억이 난다. 나의 첫 요리는 제사 음식이었던 것이다.

그날, 일을 마치고 늦게 돌아오시는 부모님을 위해 밥그릇을 따뜻한 아랫목에 두어 밥이 식지 않도록 하는 것도 잊지 않았다. 내가 손수 지은 밥을 드시는 부모님의 모습을 상상하며 어린 마음에도 내심 뿌듯했다. 그런데 웬걸, 아버지는 아들놈의 그런 행동이 아주 못마땅하셨던 모양이다. 불호령이 떨어졌다.

"사내자식이 이게 뭐하는 짓이냐!"

그러곤 기억이 없다. 한마디 변명도 하지 못한 채 아버지에게 따귀를 맞아 그 자리에서 혼절하고 말았던 것이다. 깨어나 보니 사흘이 지나 있었고 소리가 잘 들리지 않았다. 왼쪽 귀의 고막이 터져 버린 것이다. (그 뒤로 나는 아버지께 맞은 일이 한 번도 없다.) 요리 입문은 아버지께 따귀를 맞은 것으로 일단락되었지만, 그 상처는 지금도 요리사로서의 내 인생에 훈장처럼 빛나고 있다.

내가 본격적으로 요리와 연을 맺은 건 중학교 3학년 무렵이었다. 부모님께선 작은 기사 식당을 운영하고 계셨다. 평소부터 요리에 흥미가 있었던지라 이런저런 식당 일에 끼어들기 시작한 건 당연지사. 처음 얼마 동안은 눈치껏 주방 청소 정도만 돕는 척 하다가 어느 날부턴가 아예 주방 한자리를 꿰찼다. 어렸을 땐 그토록 주방 출입을 말리시던 아버지도 자식 놈의 타고난 재주는 막지 못하셨던 모양이다.

식당 집 아들로서 떳떳이 칼을 잡은 나는 고등학교도 졸업하기 전에 집 근처 요리 학원에 다니면서 본격적인 요리 수업에 들어갔다. 그때만 해도 남자가 요리 학원을 다니는 건 엄청 쑥스러운 일이었다. 하지만 어쩌랴, 요리가 너무 좋은 것을. 나는 우수한 성적으로 학원을 수료했고, 양식과 일식 조리사 자격 시험에 동시 합격했다.

한 살, 한 살 나이를 먹어 가며 요리와 직접적으로 관련을 맺는 일도 늘어 갔다. 고교 시절 보이스카우트에서 캠핑을 갈 때도 요리는 내 몫이었고, 군대에서 크고 작은 행사가 있을 때마다 가장 중요한 요리의 책임을 맡은 것도 나였다. 신병으로 자대에 배치된 지 일주일쯤 됐을까. 사단장급 회의의 연회 메뉴를 짜고, 음식을 총괄하라는 명령이 떨어졌다. 물론 그때 이미 각종 조리사 자격증을 따 놓긴 했지만, 일주일

된 신병에게 사단장급 연회 요리 책임을 맡기는 건 이례적인 일이었다. 다행히 연회는 대성공이었고, 군 생활 내내 고위급 연회 요리 준비는 내 몫이었다.

비전이 아니라 즐거움을 보라

나는 뭐든 가리지 않고 잘 먹는다. "음식을 가리는 사람은 음식을 할 수 없다."는 게 내 지론이다. 마치 허준이 세상의 모든 풀들을 일일이 직접 먹어 보고 약초와 독초를 가려낸 것처럼 말이다. 뭐든 다 먹어 보고 즐길 줄 아는 사람만이 진정한 요리사의 경지에 이른다고나 할까. 그래서인지 사람들은 나를 "이탈리아 요리로 인생을 즐기는 사람"이라고 부른다. 젊은 날 이탈리아 요리를 만나면서 인생의 진로도, 즐거움도 쭉~ 이탈리아 요리와 함께하니 말이다.

나는 기회가 있을 때마다 요리사를 꿈꾸는 젊은이들에게 '비전'을 보고 뛰어들지 말라고 충고한다. 직업적·경제적 비전만으로 요리사를 직업으로 택하기엔 이 길은 멀고 험하다. 나 역시 요리사 생활 십수 년 동안 제대로 쉬지 못한 해가 많았다. 미안한 말이지만, 요리를 하는 것이 진정 즐겁고 흥미롭지 않다면 과감히 그만두는 편이 낫다.

7~8년 전 PC통신에서 조리 연구 동호회 활동을 할 때 기억을 떠올려 본다. 그때 가장 보람 있었던 건 매달 고아원 등을 방문해 아이들과 함께 요리를 만들어 먹는 '사랑을 함께 나누는 사람들' 행사였다. 이탈리아 요리가 뭔지도 모르는, 아니 생전 처음 이탈리아 요리를 맛보았을 아이들의 즐거운 표정을 보며 나는 기뻤다. 요리로 인해 행복하고

요리로 인해 즐거울 수 있는 게 참 고마웠다.

10년 전 낯선 이탈리아 땅에서 연신 "맛있다!"를 외치며 얻은 건 요리로 인해 사람이 행복하고 즐거울 수 있다는 깨달음이었다. 요리사를 꿈꾸는 후배들 역시 그런 즐거움과 행복을 찾는 데서부터 출발하길 바란다. 그러면 성공의 길은 자연스레 열릴 것이다.

(구술 정리 : 이오성)

예쁘고 앙증맞은
데커레이션 뒤의 눈물

| 강병택 |

1969년생. 1995년 성균관대 물리학과를 졸업했다. 1996년 군대를 제대하고 제빵사의 길로 들어섰으며 현재 전남 순천에서 '우리밀 이야기' 사장 겸 제빵사로 일하고 있다.

나는 흔히 말하는 '운동권' 출신이다. 올해 내 나이 서른여덟에 89학번이니까 소위 386세대이기도 하다. 1990년대 초 대학을 다니면서 민주화와 사회 평등을 위해 치열하게 싸웠다. 수년간 수배 생활을 했고, 1994년엔 감옥까지 갔다 왔다. 그랬던 내가 빵 만드는 제빵사가 될 줄 누가 알았을까.

빵에 대한 꿈을 키운 건 바로 또 다른 '빵'(감방)에서였다. 당시 대학 졸업을 앞두고 있던 터라 '출소하면 뭘 해서 먹고 살까?' 고민이 많았다. 온종일 사무실에 앉아 답답하기 짝이 없는 일상을 보내야 하는 일반 직장에 취업할 마음은 애초부터 없었고, 그렇다고 적성에 맞는 특정한 직업을 염두에 두고 있지도 않았다. 솔직히 빵에 대해 남다른 애정이 있었던 것도 아니었다. 큰형님이 전남 순천에서 빵집을 운영하고 있었던 것이 빵과 나의 인연 전부였다. 나는 사람들과 자주 부대끼며 진심 어린 대화를 나눌 수 있고, 일에 들이는 내 정성이 사람들에게 그대로 전달되고 평가되는 일을 하고 싶었다. 그리고 형님의 모습을 보며 빵 만드는 일이 바로 그런 일 중 하나라고 생각했다.

1996년 군에서 제대한 뒤 바로 형님 가게의 '보조'로 들어가 일을 배웠다. 새벽에 일어나 온종일 밀가루와 씨름을 하고 오후 늦게 학원에서 제빵 기술을 배우는 고달픈 일상이 시작되었다.

처음 제빵 학원에 갔을 때가 지금도 생생하다. 그럴듯한 대학(성균관대)도 나왔겠다, 당시 취직도 잘 되던 학과(물리학과) 출신의 '먹물'이 뭣하러 전혀 엉뚱한 길로 들어섰냐는, 사람들의 질문이 이어졌다. 평범하지 않은 외모(대학 시절 별명이 '산적'이었다) 역시 화젯거리였다. 학원 선생님은 "빵을 만드는 예술적이고 미적인 분위기와는 전혀 어울리지 않는다."며 농 반 진 반으로 놀리기까지 했다. 어디 가서 나사 조이고 기름칠 하면 딱 맞겠다는 이야기도 심심찮게 들었다. 한마디로 빵과 어울리지 않는다는 반응들이었다. 그러나 이미 빵을 만들며 살겠다는 결심이 확고했기에 대수롭지 않게 웃어넘겼다.

보기와는 달리 빵 만드는 일은 보통 체력으로 되는 게 아니었다. 아무나 하기 힘들겠다는 생각이 들 정도였다. 형님이 운영하는 빵집에서 곁눈질로 봐 왔던 제빵사의 모습은 정말 피상적인 것이었고, 더더구나 텔레비전에 흔히 나오는 낭만적이고 화려한 '파티쉐'는 존재하지도 않았고 존재할 수도 없었다. 달콤하고 고소한 빵 냄새 뒤에는 말로 표현 못할 고달픔과 비애가 가득했다. 한마디로 노가다도 이런 '노가다'가 없었다. 새벽같이 일어나 온종일 빵을 만들다 밤 11시가 다 되어 퇴근하는 일이 반복되었다. 새롭고 맛있는 빵을 만들려면 잠자는 시간마저

줄여야 했다. 이런저런 자료들을 살피다 보면 어느덧 새벽 2~3시. 보통은 하루 3~4시간밖에 자지 못했다. '우리밀 이야기'라는 이름의 내 빵집을 갖게 된 지금도 이런 바쁜 일상은 변함이 없다.

들이는 '정성'만큼 기쁨을 준다

빵은, 만들면 만들수록 푹 빠져들게 하는 묘한 매력이 있다. 빵은 내 바람처럼 정말이지 '정성'을 들이는 만큼 기쁨을 주고, 그 기쁨은 고객들에게도 고스란히 전달된다. 때로는 빵의 '정직함'이 두려울 때도 있다. 조금이라도 성의 없이 만들면 고객들이 금방 알아챈다. 입과 몸이 먼저 아는 것이다. 이건 과학적으로 설명될 수 있는 성질의 것이 아니다.

손님들의 음식 불평에 짜증을 내는 식당 주인을 종종 본다. 그러나 이러한 태도는 음식 만드는 사람의 기본 자세가 아니다. 좀 심하게 말하면 장사를 포기한 것과 같다. 단순히 손님에 대한 예의나 친절을 말하는 게 아니다. 고객의 불평불만이 없으면 만드는 사람도 발전할 수 없다는 얘기이다. 그런 불평불만에 귀를 닫고 있다가 어느 날 갑자기 몰락해 버린 유명 음식점도 많지 않은가. 난 오히려 요리사가 먼저 고객에게 물어야 한다고 생각한다. 나는 주변 사람들과 고객들에게 내가 만든 빵을 끊임없이 검증 받으려고 노력했다. 고객들은 대부분 '그냥 참고 대충 먹지, 뭐.' 하는 생각을 갖고 있다. 그러니 고객들이 적극적으로 의견을 말할 수 있도록 분위기를 만들어 주는 것이 필요하다.

"어떠세요? 이번에 새로 만든 제품인데요, 생크림 베이스에 땅콩을 좀 얹어 봤습니다. 혹시 너무 달진 않으신가요?"

때로는 고객이 귀찮을 정도로 묻기도 한다. 우리나라 사람들은 수줍음이 많아 처음엔 당황스러워하다가도 한두 번 말을 트고 나면 훌륭한 '맛 모니터 요원'이 된다. 이런 자연스런 피드백을 통해 진정한 맛의 세계에 근접할 수 있는 게 아닐까.

고객들의 의견을 듣고, 좀 더 몸에 좋은 빵을 고민하다 보니 우리 밀을 이용해 빵을 만들게 되었다. 안전하고 몸에 좋은 먹을거리에 대한 의식도 높이고, 우리 밀 재배 농가에도 도움을 주는 의미 있는 일이 될 것 같았다.

제빵사로서 할 소린 아니지만 밀가루, 버터, 설탕을 비롯한 제빵 재료와 유화제 등 각종 화학 첨가물이 많이 들어간 빵은 몸에 좋지 않다. 이런 음식들은 아토피, 비만 등 현대병의 한 요인으로도 꼽히고 있다. 우리 밀 빵을 만들기 전에는 가끔 '혹시 내가 못 먹을 음식을 만드는 건 아닌가.' 하는 걱정이 들기도 했다. 지난 2004년 개봉된 〈슈퍼 사이즈 미〉라는 영화를 보면 너무나 잘 알 수 있다. 한 달 동안 햄버거만 먹고 산 감독 겸 주연배우 모건 스펄록의 일상과 건강 상태 등을 다큐멘터리 형식으로 담은 이 영화는 우리에게 엄청난 충격을 안겨 주었다. 스펄록은 한 달 사이에 체중이 무려 11킬로그램이나 늘었고 콜레스테롤 등이 위험 수치에 이르렀으며 무기력증과 우울증까지 경험했다고 한다.

우연히 아는 사람으로부터 소개 받은 우리 밀 빵은 확실히 차이가 있었다. 사실 우리 밀의 우수성은 이미 다양한 보고를 통해 확인되고 있다. 우리 밀은 겨울에 재배하기 때문에 아예 농약을 사용할 필요조차 없다. 지난 2000년 강원대 최면 교수팀 연구 결과에 따르면, 우리 밀

:: 직원들과 함께 빵을 만들고 있는 강병택 씨. 우리 밀은 수입 밀과는 많이 달라 물의 양, 반죽 속도 등을 잘 조절하지 않으면 빵이 퍼지기 일쑤라 시행착오도 많이 겪었다고 한다.

은 수입 밀에 비해 인체 면역 기능이 두 배나 높고 항노화 효능도 월등히 높다고 한다. 이에 비해 수입 밀은 재배·저장·이동 과정에서 각종 농약, 살충제, 방부제가 다량 살포되는 것으로 알려져 있다. 이런 수입 밀로 만든 빵, 라면, 과자 등의 음식물이 우리네 건강을 크게 위협하고 있는 것이다. 물론 당장은 느끼지 못할 수 있다. 하지만 10년, 20년 몸에 쌓이면 어떤 악영향을 끼칠지 모른다. 지금도 민감한 체질의 사람은 금방 느낀다고 한다. 수입 밀로 만든 식품은 아예 못 먹는다는 사람도 우리 밀은 괜찮다고 한다.

밀 넣든 말든, 어떻게 만들든 맛 좋고 돈만 많이 벌면 그만 아니냐고 말하는 사람이 있을지도 모르겠다. 하지만 세상이 변했고 시대가 달라졌다. 굳이 '웰빙' 바람을 들먹이지 않더라도 먹을거리에서 '건강' 은 빠뜨릴 수 없는 필수 요소이며, 고객들의 눈은 한층 더 높아졌다. 2005

년 '김치 파동'만 봐도 알 수 있지 않은가. 김치에서 기생충 알 등이 검출되었다는 소식이 발표되자, 사람들은 너 나 할 것 없이 힘은 들어도 되도록 김치를 직접 담가 먹으려고 했다. 때문에 김치 공장은 장사가 안 된다며 아우성이었다. 김치 파동 이후 수십 개 관련 업체가 문을 닫았다고도 한다.

빵은 날이 갈수록 수요가 증가하는 음식 중 하나이다. 그런데 이 빵의 재료가 되는 밀가루, 야채, 과일 등이 사실은 농약과 살충제 덩어리라는 '근거 있는' 주장이 확산된다고 생각해 보라. 빵이 비만과 아토피 등 각종 질병의 원인이 되고 있다는 인식이 광범위하게 퍼진다고 가정해 보라. 과연 사람들이 이전처럼 일반 제과점에서 파는 빵을 맘 편히 사 먹을 수 있을까. 모르긴 해도 우리 같은 소형 제과점은 당장 문을 닫을 위기에 처할 것이다. 그러니 '몸에도 좋고, 맛도 좋은' 빵을 만들고자 하는 내 노력은 대단한 것이 아니며, 어쩌면 차별화된 생존 전략일지도 모르겠다.

2004년 11월 나는 우리 가게의 모든 빵을 우리 밀로 만들었고, 빵집 간판도 '엔젤 하우스'에서 '우리밀 이야기'로 바꾸었다. 우리 밀 빵에 도전하는 일은 당연히 쉽지 않았다. 나는 갖은 고생과 시행착오를 거듭해야 했다. 우리 밀 빵은 우선 만드는 방법부터가 다르다. 우리 밀은 수입 밀과는 많이 달라 물의 양, 반죽 속도 등을 잘 조절해 주지 않으면 빵이 퍼져 버리기 일쑤이다. 반죽 정도를 맞추기 위해 몇 번이고 실험을 하면서 못 쓰고 내다 버린 밀가루가 수십 포대는 될 것이다. 가격도 문제였다. 우리 밀 한 포대 가격은 3만 6000원. 수입 밀 한 포대가 1만 5000원이니 두 배가 넘는다. 단순 계산을 해도 빵 값이 일반 제과점의 두 배는 되어야 한다. 하지만 우리 밀의 우수성이 충분히 알려지지 않은 상태에서 빵을 비싼 값으로 팔아서는 승산이 없었다. 우리 밀 빵을 만들어 팔려고 뛰어들었다 포기한 많은 사람들은 대개 이런 수지 균형을 맞추지 못해 무너졌다. 무엇보다도 되도록 많은 사람들이 좋은 먹을거리를 먹어야 한다는 내 철학에 맞지 않았다. 수입 밀로 만든 빵이 건강을 해치네 어쩌네 해 놓고 비싼 값으로 우리 밀 빵을 판다면 사기꾼 약장수랑 무슨 차이가 있는가 말이다. 이런 생각은 어렵고 소외된 사람들을 위해 고민하고 싸웠던 대학 시절의 경험에서 형성된 것인지도 모르겠다.

고민 끝에 '박리다매(薄利多賣)' 전략을 선택했다. 이윤을 줄이는 대신 건강에 좋은 먹을거리임을 적극 홍보하고, 우리 밀 빵의 우수성과 필요성을 널리 알리는 데 주력했다. 성패를 가늠할 만한 충분한 시간이 지나지 않아 확실히 성공했다고 할 수는 없지만, 나는 충분히 이길 수 있는 싸움을 하고 있다고 생각한다. 우리 빵집 바로 앞에는 이름만 대면 누구나 아는 프렌차이즈 빵집이 떡 버티고 서 있다. 우리 빵집보다 늦게 개업했다. 하지만 그 빵집이 개업한 이후에도 우리 빵집 매출은 줄지 않고 있다.

슬로우 베이커리를 고집하는 이유

솔직히 지금 이 땅에서 우리 밀 빵을 만든다는 것은 어쩌면 이길 수 없는 싸움을 하고 있는 것인지도 모르겠다. 끊임없이 노력하지 않으면 수입 밀을 무기로 한 대형 업체들에게 백전백패(百戰百勝)한다는 말이다.

하지만 난 '정도(正道)'를 걷고 있기에, 결국은 이길 것이라고 믿는다. 빵은 정직하니까. 고객들의 반응에서도 그런 희망이 느껴진다.

"이거 정말 우리 밀 빵 맞아요? 속이는 거 아니에요?"

"아니, 좋은 재료를 썼다면서 왜 이렇게 싸요? 가짜 같은데?"

초기엔 싸늘한 반응을 보이는 고객들이 많았다. 하지만 지금은 이런 이야기를 하는 사람이 전혀 없다. 일단 먹어 보면 다른 게 느껴지기 때문이다. 오히려 민망할 정도로 칭찬 일색이다.

"이 집 빵은 소화가 엄청 잘 돼서 좋아."

"너무 달지 않아서 팔순 넘은 우리 어머님도 아주 좋아하더라고요. 우리 아이 아토피도 우리 밀 빵 먹고 나선 훨씬 좋아졌어요. 역시 신토불이가 틀린 말이 아닌가 봐요."

차로 1시간 거리를 달려 매주 빵을 사러 오는 고객도 있다. 거의 매일 빵을 사는 한 고객은 벌써 1년 넘게 우리 집 빵만 드신다. 이제 다른 빵집 빵은 아예 못 먹겠단다. 아이들이 아토피에 비염, 감기를 자주 앓아서 우리 밀 빵을 먹게 되었는데, 몸이 나빠지지 않는 걸 느낄 수 있다고 칭찬해 주시기도 한다.

나는 성장 촉진제나 항생제를 전혀 쓰지 않은 유정란만 사용하고, 팥고물도 국산 팥을 구입해 직접 찌고 조려 만든다. 그리고 식용유 대신 몸에 좋은 현미유를 쓰고 있다. 빵 제작 시간을 단축하고 모양과 보전 상태를 좋게 하는 제빵 계량제나 유화제 등 각종 화학 첨가물은 안 쓴 지 오래다. 우리 밀 빵은 조금이라도 더 몸에 좋은 빵을 만들기 위한 고민의 산물이다. 그래서 빵에 들어가는 부재료도 하나하나 국산이나 친환경 재료로 바꾸어 가고 있는 중이다.

사실 빵 만드는 시간을 단축하고 제빵사의 편의를 위해 쓸데없이 들어가는 첨가물이 많다. 가령 카스테라 컵케이크의 경우 유화제를 쓰면 30~40분이면 모든 일이 끝나지만, 유화제를 쓰지 않으면 그 두 배인 1시간에서 1시간 30분 정도가 걸린다. 빵에 들어가는 단팥 역시 마찬가지이다. 일반 빵집의 경우 대개는 공장에서 단팥빵 완제품을 받거나 시중에 나와 있는 완제품 팥고물을 사용해 만들지만, 나는 물에 불리는 시간을 포함해 꼬박 하루가 걸리는 진짜 통팥을 가져다 쓴다. 이쯤 되면 슬로우 푸드, 아니 '슬로우 베이커리'라 할 만도 하다.

얼마 전부터 아토피, 당뇨, 비만 환자를 위한 '맞춤형' 건강빵도 만들고 있다. 설탕을 빼 달라, 계란을 적게 써 달라 등 고객의 구체적인 요구에 맞춰 일일이 빵을 만드는 것이다. 설령 단 한 개의 빵이라도 흔쾌히 응한다. 아마 국내 최초 시도가 아닐까 싶다. 내가 하는 일이 미친 짓처럼 보일 수도 있다. "빵 하나 팔아 얼마나 남는다고 그러냐."는 우려도 있을 것이다. 혹자는 너무 '튀는 짓'이라며 눈을 흘길지도 모른다. 하지만 나는 이 미친 짓, 튀는 짓을 계속 하고 싶다. 왜냐고? 우리의 아이들, 아니 우리의 미래가 먹는 음식이니까!

물론 이런 노력이 성공 단계에 접어들었다거나, 경영이 안정되었다고 말하기엔 아직 이르다. 하지만 내 나름의 노력과 고민이 없었다면 이만큼 자리 잡는 것도 쉽지 않았을 것이다. 큰형님과 누나, 아내 등 가족을 비롯한 주변 사람들의 도움도 컸다. 빵을 만나고, 제빵 기술을 익히고, 빵집을 차리고, 우리 밀 빵을 알고 만든 것 모두 그들의 조언과 관심, 도움 덕분이었다.

:: 케이크 장식 마무리를 하고 있는 강병택 씨. 그는 예쁘고 앙증맞은 케이크 데커레이션 뒤에는 언제나 땀을 뻘뻘 흘려야 하는 힘든 반죽 과정이 있음을 잊지 말아야 한다고 강조한다.

조리실에 '갇혀' 있지 마라

2002년부터 나는 가게 근처 저소득층 아이들이 다니는 공부방에 빵을 공급해 왔다. 얼마 전부터는 편부모 가정, 결식아동, 장애인, 홀로 사는 노인 등 지역 내 어려운 이웃을 돕기 위해 순천생활협동조합이 실천하고 있는 '1% 나눔운동'에도 참여하고 있다. 더 많은 사람들이 더 좋은 빵을 먹을 수 있도록 하는 것이 내 소망이기 때문이다.

사실 요리사는 끊임없이 자신과 싸워야 하는 고독한 직업이다. 제빵사 역시 예외가 아니다. 그러나 하루 종일 비좁은 조리 공간에만 '갇혀' 있는 것도 문제다. 조리실에 갇혀 있어서는 안 된다. 훌륭한 제빵사가 되고자 한다면 '빵' 그 자체에만 매몰되어선 안 된다고 나는 생각한다. 몇 가지 사소한 장식 기술 따위에 목매선 안 된다는 이야기이다. 기술은 언제 어느 때라도 얼마든지 배우고 응용할 수 있다. 제빵사를 포함한 요리사는 고객은 물론, 더 많은 사람들과 자주 접촉하면서 세상 돌아가는 흐름을 알고, 사람들의 고민을 적극적으로 청취할 필요가 있다. 결국 사람이 큰 '자산'이기 때문이다.

'여태껏 하던 대로 그냥 하면 되겠지.' 하는 안일한 자세로는 승산이 없다. 겉모양만 보고 남들 하는 대로 따라가서도 안 된다. 끊임없이 새로운 시도를 하고 지속적으로 노력해야 성공할 수 있다. 이런 노력과 각오 없이 대중매체가 보여 주는 화려한 모습의 제빵사만 쫓으려 한다면 그 길은 결코 순조롭지 않을 것이다. 예쁘고 앙증맞은 케이크 데커레이션 뒤에는 언제나 땀을 뻘뻘 흘려야 하는 힘든 반죽 과정이 있음을 잊지 않길 바란다.

(구술 정리 : 이오성)

3장

더 넓은 요리사의 세계

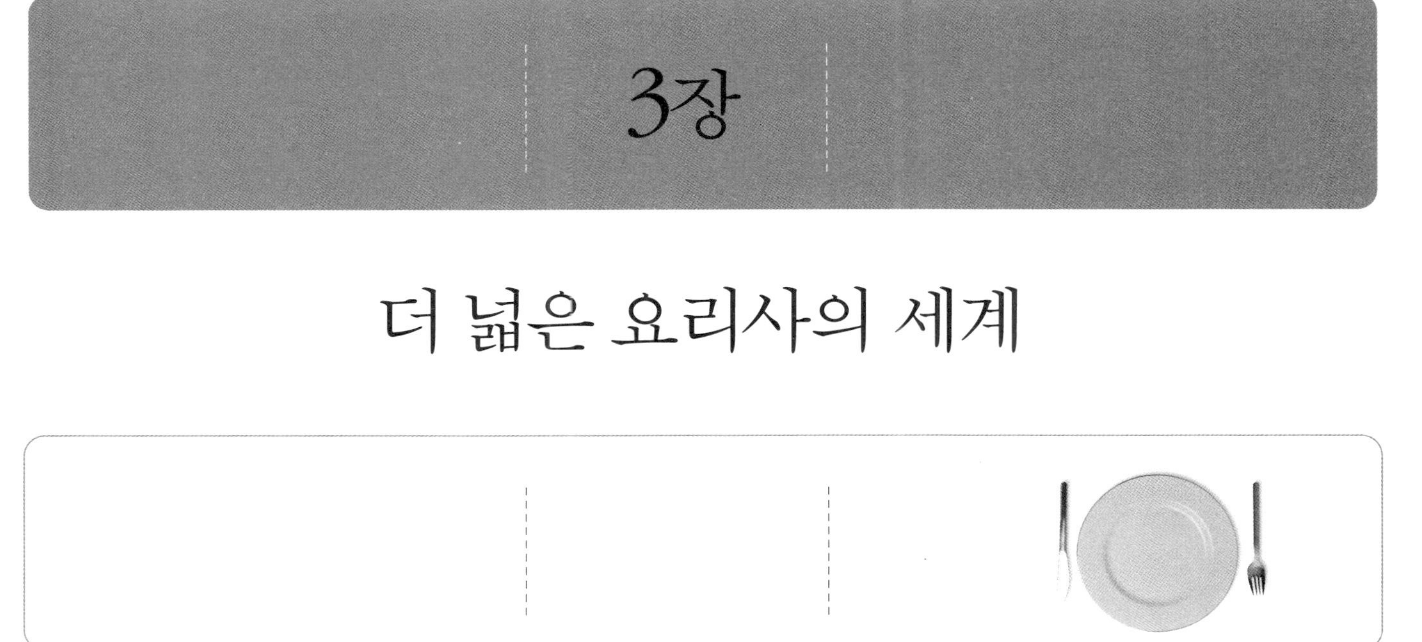

상식을 뛰어넘는
상상력을 발휘하라!

| 최재석 |

1970년생. 1995년 서울보건대학 조리학과를 졸업했다. 신라호텔에서 9년간 일하다 2003년 5월 베니건스에 입사했다. 현재 베니건스 메뉴 개발 팀장 겸 총주방장으로 일하고 있다. 입사 이후 현재까지 약 80여 가지의 신메뉴를 개발했다.

무슨 계시라도 받은 듯 새벽에 잠이 깼다. 유리창에 어슴푸레한 푸른 기가 남아 있는 걸 보니 아직 새벽이 맞다. 머리맡을 주섬주섬 더듬어 아이디어 공책에 몇 줄 적어 넣는다.

'토르티야(tortilla, 멕시코 식 옥수수 빈대떡)에 해산물을 넣어 말아서 제공한다. 국물이 질질 흐를 수도 있다.'

출근하자마자 테스트 키친(메뉴 연구소 같은 곳. 실제 주방을 축소해 그곳에서 직접 메뉴를 개발할 수 있도록 한 곳이다. 베니건스의 경우 단순히 주방만 있는 것이 아니라 매장 한 켠의 작은 홀과 연결되어 있어 그곳에서 만든 요리를 직접 시식할 수 있게 되어 있다. 때문에 매장에서 고객들이 이용하는 것과 똑같은 환경에서 메뉴를 테스트할 수 있다.)에 들어가 꿈속에서 만든 바로 그 요리를 만들어 본다. 국물이 좀 흐르긴 하지만 토르티야의 고소한 맛과 멕시코 식으로 매콤하게 조리한 해산물, 야채의 씹히는 맛이 일품이다. '이게 내 첫 작품이다!'

이제 베니건스에서의 내 첫 작품은 PDG(Product Develop Group)로 옮겨 간다. 각 팀의 팀장 및 매장 책임자들로 구성된 PDG 미팅에서는 다양한 의견이 나온다.

"국물이 좀 흐르는데 여성 고객들이 좋아할까?"

"국물이 떨어진다는 게 더 재미있지 않을까요?"

"맛은 있는데 먹는 방법이 좀…."

"푸짐하고 맛있으면 오히려 반응이 좋을 수 있지 않을까요?"

"토르티야는 싸 먹는 맛인데, 이거 아예 말아서 서비스 하는 게…."

"토르티야에는 해산물보다는 육류가 더 잘 어울리는데 해산물이 크게 무리가 없을까?"

고정관념에서 벗어나는 메뉴가 고객의 입과 눈을 즐겁게 해 줄 수 있다는 생각은, 내가 요리를 하면서 가장 중요하게 생각하는 '상상력'의 다른 표현이다. 고객들이 원하는 트렌드도 알아야 하고, 보기 좋게 만드는 것도 중요하지만 무엇보다 상식을 뛰어넘는 메뉴가 가장 큰 사랑을 받으리라 나는 자신한다.

이런 상상력을 바탕으로 첫 번째 선보인 메뉴가 바로 '씨푸드 또띨라 랩'. 당시 거세게 불고 있던 웰빙 열풍을 반영해 해산물을 주재료로, 한국인의 입맛에 꼭 맞는 매콤한 맛을 포인트로 했다. 여기에 직접 싸 먹는 멕시칸 요리 토르티야를 변형해 처음부터 말아서 제공하는 토르티야! 그야말로 인기 폭발이었다. 작은 변화였지만 당초 우려했던 약점은 오히려 패밀리레스토랑 메뉴의 특징인 풍성함을 잘 살린 장점으로 평가 받았다. 상식을 깨니 그곳에 대박 메뉴가 있었다!

'씨푸드 또띨라 랩'과 함께 선보인 '엠파이어 찹 스테이크' 또한 성공적이었다. 이것은 한국식 메뉴로 떡갈비와 구운 마늘이 조화를 이루어 서양 음식 일색인 메뉴 속에서 단연 눈길을 끌었으며, 부드럽고 익숙한 맛 때문에 특히 나이 든 어르신들께 인기가 좋았다. 비로소 남녀노소 누구나 좋아하는 메뉴를 모두 갖춘 것이다.

맛과 퀄리티, 그리고 가격

고등학교를 졸업하고 대학에 진학했을 때 내 전공은 건축학이었다. 평소 요리 만드는 것이 좋았지만 4년제 대학에 들어가야 한다는 통념 때문에 건축학과를 선택한 것이다. 그러나 나를 잘 아는 친구들은 내가 군에서 제대하자마자 조리학과 원서를 들이밀었다. 그렇게 조리학과에 늦깎이 대학생으로 입학했다. 돌아보니, 친구들의 그런 격려가 없었다면 두고두고 후회했을지도 모를 일이다. 늦게 시작한 요리 공부는 나를 더욱 요리의 세계에 빠져들게 만들었다. 학교를 졸업하고 신라호텔 주방에서 9년여를 일하다 2003년 5월 베니건스로 직장을 옮겼다. 그리고 지금은 베니건스에서 총주방장으로 일하고 있다.

양식을 전공하고 호텔에서 근무하던 그때 나는 '연회부'를 지원했다. 호텔 연회부는 조리부 부문 그 어느 부서보다 힘든 곳이다. 요리를 하는 것도 힘들지만, 요리로 하는 외교라 불리기도 하는 각국의 국빈 대접이 또한 녹록지 않았다. 하지만 그곳에서의 경험이 나의 조리사 인생을 더욱 재밌게 하는 양념이 되었다. 세계 각국의 요리들을 폭넓게 배우며 각기 다른 요리에 얽힌 경험을 쌓았다. 이러한 경험은 지금의 패밀리레스토랑 메뉴 개발에 든든한 자산이 되고 있다.

호텔 주방의 가장 큰 장점은 다양한 식자재로 메뉴를 만들고 각기 다른 맛을 경험할 수 있다는 것이다. 또 다양하고 예술적인 프리젠테이션(메뉴 세팅)이 가능하다. 여백의 미를 강조할 수도 있고, 메뉴 자체의 특징을 부각시킬 수도 있다.

이러한 호텔 요리의 특징은 패밀리레스토랑에서도 그대로 적용된다. 하지만 여기에 하나 더, 패밀리레스토랑의 메뉴 속에는 경제 개념이 내포되어 있다. 패밀리레스토랑의 메뉴는 많은 매장에서 판매하는 만큼 수요가 많다. 무엇보다 맛이 중요하지만 경제적으로 가장 큰 효율을 낼 수 있도록 가격을 책정하는 데에도 많은 노하우가 필요하다. 최상의 질(퀄리티)을 자랑하는 식자재를 사용해 아무리 맛있는 메뉴를 만든다 하더라도, 고객들이 패밀리레스토랑에서 기대하는 것 이상으로 가격이 책정될 경우 그 이유만으로도 외면당할 수 있다. 그러므로 맛과 질에 고객들이 생각하는 적절한 가격을 유지하는 것이 중요하다.

패밀리레스토랑에는 메뉴 개발팀이 있다. 국내에 처음 패밀리레스토랑이 선보였을 당시만 해도 본사의 메뉴(베니건스의 경우 본사가 미국에 있다)를 답습하는 것이 대부분이었다. 하지만 패밀리레스토랑 국내 진출 10년이 훌쩍 넘으면서 이제 한국 내에서 한국인의 입맛에 더욱 잘 맞는 메뉴들이 다양하게 개발되고 있으며, 오히려 한국에서 개발된 메뉴들이 본토인 미국으로 수출되기도 한다.

회사에 따라 약간의 차이가 있지만 패밀리레스토랑의 메뉴 개발은 보통 리서치 →메뉴 개발→자체 평가→고객 평가 등의 과정을 거친

:: 요리를 만들고 있는 최재석 씨. 메뉴 개발을 위해서는 테스트 키친에서 수없이 요리를 만들어야 한다.

다. 한마디로 정식 메뉴가 되기 위한 길은 멀고 험하다. 자체 평가는 내부 전문가들에 의해 진행되는데, 베니건스에는 각 팀의 팀장과 매장 책임자로 구성된 PDG가 있다. 조리사가 신메뉴를 개발해도 정식 메뉴로 바로 출시되는 것이 아니라 PDG를 통해 1차 평가를 받는다. 마케팅팀, 교육팀, 구매팀 등 각 팀의 팀장들은 각각의 시각에서 메뉴를 평가하고 의견을 개진한다. 이때 메뉴의 맛은 물론 메뉴가 접시에 놓이는 방향에서부터 사이드 메뉴까지 모든 부분을 점검하고, 과연 효율적인 가격은 얼마인지까지 논의한다. 이렇게 PDG 미팅을 통해 메뉴의 구성과 맛이 결정되고 메뉴에 가장 잘 어울리는 이름이 정해진다. 그런 다음 고정 고객들로 구성된 고객 평가단에게 그 맛을 평가 받고 합격점을 받으면 비로소 정식 메뉴로 출시된다.

고객들의 평가는 매우 유용하다. 예전에는 요리를 개발한 사람이 "제가 만든 요리 어때요?"라고 물으면, 면전이라 그런지 개개인의 의견을 피력하기보다는 "괜찮아요." "무난해요." 등 조리사의 마음을 아프게 하지 않는 대답을 하는 것이 대부분이었다. 하지만 최근에는 그 어떤 전문가 집단보다 엄격하다.

"맛은 괜찮은데 프리젠테이션이 너무 '값싸' 보여요."

"이 메뉴에는 지금 쓰인 ○○ 소스보다는 ○○○ 소스가 더 어울릴 것 같은데요."

고객은 전문가다. 그리고 고객은 항상 정확하다.

일반적으로 레스토랑 주방에는 조리사 자격증을 취득한 조리사들이 대부분이다. 자격증이 없으면 아예 주방에서 일을 할 수 없는 경우도 허다하다. 하지만 패밀리레스토랑 주방은 다르다. 본사 메뉴 개발팀이 아닌 각 매장 주방에서 일하는 것이라면 조리사 자격증이 없어도 일할 수 있다. 패밀리레스토랑의 메뉴는 정량에 의한 맛으로 각기 다른 지역의 다른 매장에서도 똑같은 맛을 내야 하기 때문에 레시피에 따라 정량대로 조리하는 것이 원칙이다. 최적화된 정량에 의한 신속한 맛. 그것이 기업형 레스토랑이 추구하는 맛이다. 물론 조리사 자격증이 있으면 메뉴에 대한 이해가 빨라 요리하는 재미가 더 있겠지만, 요리를 좋아하는 사람이면 누구나 일할 수 있다는 점이 더 큰 매력이다.

고객의 입맛을 잡아라!

첫 번째 메뉴 개발이 성공적으로 끝나자 자신감이 생겼다. 그러나 회사에서는 더 새로운 것, 더 맛있는 것, 더 미국적인 메뉴를 끊임없이 요구했다. 그래서 되물었다.

“미국적인 메뉴가 뭐예요?”

메뉴에도 여러 문화가 내포되어 있건만 무조건 미국적인 메뉴를 만들어 보라니. 그래서 결심했다, 미국으로 떠나기로. 하지만 빈손으로 가서 이것저것 보고 오는 것만으로는 만족할 수 없었다. 내 아이디어 공책에 있던 메뉴 중 7가지를 선택하고, 이에 대한 레시피를 정리해 미국행 비행기에 올랐다. 체류 기간 8일, 그 며칠 동안 나는 80일간 할 일을 다 한 듯했다. 그만큼 얻은 것도, 먹은 것도 많은 날들이었다. 미국 베니건스 본사 매장을 돌며 미국에서 인기 있는 메뉴들을 직접 먹어 보고, 틈틈이 경쟁 업체 매장을 방문해 메뉴를 비교했다. 또 내가 개발한 메뉴들을 본사에 선보이고 피드백을 받아 더욱 발전시켰다.

미국에서 돌아온 후, 나는 몇 가지 메뉴를 국내 고객에게 선보였다. 매콤한 해산물의 맛이 돋보이는 수프인 ‘피셔맨팟’, 오징어·홍합·새우·가리비 등 신선한 해산물과 라이스를 매콤한 텍스멕스 소스에 볶은 ‘텍스멕스 씨푸드 라이스’, 미국적인 스타일을 가장 강조한 ‘킬케니 로스트 치킨’. 대부분 반응이 좋았지만 가장 미국적인 메뉴가 날 배신했다. 킬케니 로스트 치킨은 닭다리 두 개와 기름에 볶은 완두콩과 검정콩을 달궈진 스킬렛(skillet) 위에 놓은 메뉴로, 풍성하고 맛도 담백하였다. 무엇보다 미국 메뉴의 특징인 재료 본래의 모양을 그대로 살렸다. 투박하게까지 보이는 프리젠테이션은 당연 압권이었다. 하지만 너무도 미국적이라서 그랬는지 소수 마니아들의 눈길은 끌었지만 대중적인 인기를 요구하는 패밀리레스토랑에는 맞지 않다는 값비싼 교훈을 얻었다.

웰빙 열풍이 레스토랑 시장을 강타할 무렵, 웰빙과 함께 매운맛 열풍이 불어 닥쳤다. ‘불닭’을 시작으로 매운 어묵에 이르기까지 매운맛 열풍은 먹을거리 전반에 빠르게 확산되었다. 하지만 패밀리레스토랑의 메뉴는 1인 1메뉴라기보다는 서로 나누어 먹는 개념이므로 특정인을 위해 매운맛을 내기는 어려웠다. 하지만 고객들은 끊임없이 매운맛 메뉴를 요구했다. 경기 불황으로 속이라도 화끈하게 풀리는 매운 요리가 인기라는 분석도 있었지만, 사실 매운맛은 웰빙과 함께 전 세계적인 트렌드였다. 텍사스와 멕시코 지역의 매운 요리가 붐을 이루면서 이 지역 요리들은 이국적이면서도 너무 자극적이지 않은 매운맛으로 국내 패밀리레스토랑에 상륙했다. 이때 개발한 텍스멕스는 한국의 매운맛 열풍에 일조하면서 지금까지도 많은 고객들에게 사랑 받고 있다.

회사가 10주년을 맞이하면서 신메뉴 10여 가지를 선보였다. 상식을 깨는 메뉴에 대한 내 노력과 욕심이 그대로 녹아 있는 메뉴 개발이었다. 신메뉴의 모토는 '이야기가 있는 메뉴'. 패밀리레스토랑에서 가장 큰 스테이크, 패밀리레스토랑에서 사용하지 않는 부위를 활용한 가장 싼 스테이크, 중국 요리점에서나 먹어 볼 수 있었던 오리엔탈풍 애피타이저, 낱낱이 떨어져 있는 립, 패밀리레스토랑에서 잘 사용하지 않는 도미를 이용한 해산물 스테이크…. 패밀리레스토랑에서 일하며 축적한 노하우와 늘 꿈꾸었던 상상력을 메뉴마다 그대로 반영시켰다.

특히 이름부터 재미있는 '타이타닉 스테이크'는 국내 패밀리레스토랑 스테이크 메뉴 중 가장 큰 것으로 무게가 무려 510그램에 달한다. 타이타닉 스테이크는 정통 스테이크 시즈닝으로 구워 담백하고 부드러운 꽃등심의 맛을 그대로 느낄 수 있는 특대형 립아이 스테이크로, 쇠고기의 꽃등심 부위에 갈빗살이 살짝 붙어 있어 더 풍부한 육즙을 느낄 수 있다. 타이타닉 스테이크를 처음 내부 평가단에 선보였을 때 이런 질문들이 쏟아졌다.

:: 필자가 개발한 요리들. 레몬 셔벗 샐러드(왼쪽 위), 타이타닉 스테이크(오른쪽 위), 씨푸드 또띨라 랩(왼쪽 이래), 오므리이스(오른쪽 이래).

"이렇게 큰 스테이크를 만든 이유가 뭡니까?"

"패밀리레스토랑에서 이런 정통 스테이크가 경쟁력이 있을까요?"

하지만 사람들은 이야기가 있는 메뉴에 대한 욕구가 컸고, 나는 그것을 직감적으로 알아보았다. 뿐만 아니라 기존의 패밀리레스토랑에서는 볼 수 없었던 초대형 타이타닉 스테이크는 다른 시즈닝 없이 소금과 후추로만 맛을 낸 정통 스테이크라는 점에서 패밀리레스토랑 고객들에게 신선한 충격과 큰 호응을 얻었다. 그리고 지금은 고객의 오감을 만족하는 펀(FUN) 메뉴의 대표 주자로 자리 잡았다.

패밀리레스토랑에서 메뉴 개발을 하다 보면 다른 경쟁 업체 매장도 자주 찾는다. 즉 새로운 메뉴가 출시되자마자 '적군'(경쟁사)의 메뉴를 먹어 보고 평가하기 위해 매장을 찾는 것이다. 이는 다른 패밀리레스토랑 종사자도 마찬가지이다.

내가 개발한 '레몬 셔벗 샐러드'는 고객들의 입맛뿐 아니라 적군의 입맛도 사로잡았다고 한다. 이 메뉴는 신선한 샐러드 위에 셔벗을 올린, 기존의 샐러드 드레싱에 대한 고정관념을 깬 아이디어 제품으로 샐러드 위에 올려진 셔벗이 입맛을 돋우는 한편, 셔벗이 녹으면서 자연스럽게 드레싱 역할을 할 수 있도록 고안한 것이다. 나중에 동종 업계 모임에서 들은 이야기이지만, 당시 모 패밀리레스토랑의 총주방장은 이 메뉴를 먹어 보고 이렇게 이야기했다고 한다.

"이렇게 희한한 메뉴를 만든 놈이 대체 누구야?"

때론 경쟁사 조리사들이 먼저 맛을 평가해 주기도 한다. 레몬 셔벗 샐러드는 베니건스를 대표하는 편 메뉴로 지금도 사랑 받고 있다. 이런 게 보람이다.

1년에 두 차례, 평균 8~10개의 신메뉴를 개발하던 베니건스는 빠르게 변하는 고객의 트렌드를 반영하기 위해 두세 달에 한 번 신메뉴를 선보이기로 했다. 자연히 내 일이 더 늘어난 셈이다. 기존 패밀리레스토랑에는 없는 메뉴이면서 보다 젊어지고 있는 고객에게 매력적으로 보이는 메뉴, 그러면서도 식상하지 않은 메뉴는 뭘까? 고민은 계속되었다. 그러던 중 한 광고 카피가 떠올랐다.

"가장 평범한 것이 가장 특별한 것이다."

누구나 아는 요리, 쉽게 만들 수 있어서 오히려 시도하지 않았던 메뉴를 개발해 보기로 했다. 고민 끝에 탄생한 것이 오므라이스와 햄버거 스테이크로, 기존 패밀리레스토랑에서는 등장하지 않은 메뉴였다. 오므라이스와 햄버거 스테이크는 가장 보편적인 복고 메뉴이다. 부모님 세대에는 빵집만큼이나 추억이 깃든 첫 데이트 장소에서 먹었던 것이기도 하고, 양식 레스토랑에서는 돈가스와 함께 주요 메뉴이기도 하다. 이 평범한 메뉴에 베니건스만의 색깔을 입히는 것이 중요했다. 나는 오

:: SBS 맛 대결 프로그램에 서양 요리를 만드는 요리사로 출연한 필자. 이때 필자가 만든 화이디기 동양 메뉴인 만두를 이겨 승리의 기쁨을 누렸다고 한다.

므라이스 위에 통통한 새우와 치킨을 올려 풍성함을 더하고, 햄버거 스테이크는 초대형으로 푸짐한 맛을 강조했다.

고객이 저렴한 비용으로도 즐겁게 즐길 수 있을 맛. 그것을 위해 나는 오늘도 가장 평범하지만 가장 특별한 메뉴 만들기에 고심하고 있다.

일을 하면서 SBS 맛 대결 프로그램에 출연한 것도 기억에 많이 남는다. 2004년 9월인가, 동서양의 피(皮) 대결이라는 주제로 서양 피를 대표해 베니건스의 화이타가 소개되었다. 대결 메뉴는 우리나라의 만두였다. 하필 내가 제일 좋아하는 만두가 대결 메뉴라니…. 한편으로 부담이 되었지만 난 열심히 만들었고 또 열심히 설명했다. 결과? 프로그램 사상 처음으로 서양 메뉴와 동양 메뉴의 대결에서 서양 메뉴가 승리했다. 근소한 차이였지만 승리의 기쁨은 짜릿했다.

많이 보고 많이 경험하고 많이 도전하라!

내게는 나만의 요리법을 정리한 공책이 10여 권 있다. 어렴풋이 떠오르는 요리 아이디어를 놓치지 않기 위해 잘 때도 수첩을 가까이에 두고 잔다. 이렇게 순간순간 잡아 둔 아이디어를 모아 매주 금요일이면 노트북 컴퓨터에 옮기는 작업을 한다. 내 노트북 컴퓨터에는 메인 요리, 후식, 음료 등으로 구분된 요리법 파일이 가득하다. 그것은 내 재산이자 나의 젊음이다.

애정과 상상력 없이는 요리를 할 수 없다. 애정이 없으면 요리를 만들어도 기존의 방법만 고집하게 된다. 따라서 사람들의 변화를 읽을 수 없다. 애정이 있다고 해도 그것만으로는 2퍼센트 부족하다. 풍부한 상상력이 필요하다. 〈대장금〉이라는 드라마에서 그랬던가. '맛을 그리는 능력', 그것이 곧 상상력이다.

많이 보고, 많이 경험하고, 많이 도전해 보자!

어떤 일이나 보람이 있겠지만, 나에게는 '맛'을 창조하는 이 일이야말로 상상력을 마음껏 펼칠 수 있어서 자유롭다. 요리를 하는 나는 행복한 사람이다.

패밀리레스토랑 메뉴 개발 조리사가 되려면?

각 회사마다 조금씩 차이가 있겠지만 패밀리레스토랑의 메뉴 개발 조리사는 그 자격 조건이 매우 까다로운 편이다. 베니건스의 경우 대학 조리학과 전공자이면서 호텔 및 동급 패밀리레스토랑 조리 경력 5년 이상이어야 메뉴 개발팀 입사가 가능하다. 또 그동안 자신이 개발한 메뉴에 대한 포트폴리오를 제출해야 한다.

이런 이유 때문에 패밀리레스토랑의 조리사 채용은 대부분 특채로 이루어진다. 연봉은 회사의 규정에 따라 정해지지만 메뉴 개발팀 조리사의 경우 자신이 개발한 메뉴 매출에 따라 상당한 성과급을 받는다는 특징이 있다. 근무 조건은 주 5일 근무에 연차, 월차 등 다른 직원들과 동일하다. 다만 베니건스의 경우 메뉴 개발팀 조리사에게는 정기적인 해외 연수 기회를 주어 폭넓은 메뉴 개발을 할 수 있도록 하고 있으며, 대외 활동 및 요리 대회 참가 역시 적극 지원하고 있다.

어떤 시대 무슨 음식이든 웬만한 건 다 한다

| 임성희 |

1978년생. 대학에서 전통조리과를 전공하고, 1998년 MBC 미술센터에 입사하였다. 2000년 식품영양학과에 편입해 학업을 마친 뒤 2003년 다시 MBC 미술센터에 복직했다. 방송 프로그램뿐 아니라 임권택 감독의 〈춘향뎐〉, 〈취화선〉 등의 영화에서 요리 부문 코디네이션을 총괄했다. 현재 MBC 미술센터 제작2팀 조리실에서 일하고 있으며 숙명여대 전통음식대학원에서 석사 과정을 밟고 있다.

"자, 〈신돈〉 대본 나왔습니다."

며칠 후면 드라마 〈신돈〉의 첫 촬영이다. 늘 그렇듯 이번에도 대본은 촉박하게 나온다. 그러니 대본 내용을 면밀하게 파악할 시간적 여유가 없다. 더욱이 고려 시대라는 배경만으로 음식이며 식기류 등의 식문화 전반을 파악하는 것은 사실상 불가능하다.

조선 시대라면 『규합총서』(조선 후기 빙허각 이씨가 쓴 부녀자들을 위한 생활 지침서)나 『음식다미방』(조선 중기 석계 부인 안동 장씨가 쓴 우리나라 최초의 한글 조리서)과 같은 고서를 통해서나마 궁중 음식 전반을 파악하고 재현할 수 있다. 하지만 사료가 부족한 고려 시대라면 '대략' 난감해진다. 당시 중국이나 일본의 사료를 참고하는 등 나름대로 상당한 공부를 할 수밖에 없다.

:: 조리실에서 동료와 함께 방송 프로그램에 쓰일 요리를 만들고 있는 임성희 씨(오른쪽).

〈대장금〉 때는 더했다. 이 드라마는 아예 첫 촬영일에야 대본이 나왔다. 정말이지 번갯불에 콩 구워 먹는 격이었다. 더군다나 극의 흐름을 파악하기에도 모자란 시간에, 그 주변 장치들까지 책임져야 한다니. 〈대장금〉은 명실공히 '음식 전문' 드라마 아닌가. 이렇게 시간이 촉박하면 일은 일대로 바쁘면서 음식의 디테일을 살리기는 어렵다. 방송 푸드 코디네이터로선 눈코 뜰 새 없이 바쁘면서도 결과적으론 욕을 먹기 십상인 것이다.

가장 '날림'이 많은 건 〈논스톱〉 같은 일일 시트콤이다. 씬(장면)이 바뀔 때마다 뭐든 먹거나 마시는 설정이 대부분이기 때문이다. 이럴 경우 풀샷(인물의 전신을 멀리서 다 잡는 것) 화면에 맞추어서 대략의 모양만 갖추는 '편법'을 쓸 수밖에 없다. 한번은 〈논스톱〉에서 영화 〈친절한 금자씨〉의 빨간 케이크가 나오는 장면을 패러디하는 장면이 나왔다. 진짜 케이크를 만들 순 없으니 빨간색 젤라틴으로 케이크 모양을 만들었다. 그런데찰 촬영을 시작한 지 얼마 지나지 않아 젤라틴이 녹아 내리는 것이 아닌가. 참으로 난감한 순간이었다. 이럴 땐 한탄이 절로 나온다.

"아으~! 저놈의 조명!"

스튜디오에서 촬영을 하는 경우 제작 여건상 뜨거운 조명 때문에 음식이 상하는 일이 잦다. 그래서 여름철엔 더욱 신경이 곤두선다. 언젠가 MBC 시청자 게시판에, 화면에 비친 음식 색깔이 너무 칙칙하다는 항의가 올라왔다. 여름에는 색감이 좋은 나물류나 계란 음식은 금방 상해서 식중독의 위험이 있기 때문에, 더운 날씨와 뜨거운 조명에도 상하지 않는 밑반찬이나 김치를 주로 사용하는데, 그것이 화면에 칙칙하게 나온 것이다. (시청자는 그런 걸 참 귀신같이도 알아챈다.) 또 멀쩡한 음식도 출연진이 늦거나 갑자기 대본이 수정되거나 해서 촬영이 지연되면 당연히 음식이 상하거나 색깔이 짙어진다. 이른바 '옥의 티' 찾기를 즐기는 시청자들이 늘어나면서 방송 푸드 코디네이터들의 일은 더욱 까다로워졌다.

〈뽀뽀뽀〉 간식에서부터 〈100분토론〉 음료수까지

〈환생〉이라는 드라마가 있었다. 제작 예정이었던 드라마가 '엎어지면서'(프로그램 제작이 무산됐다는 방송계 은어) 급하게 진행된 프로그램이었다. 그런데 이 드라마의 내용이 유별났다. 촬영 시작을 얼마 남겨 두지 않고 겨우 나온 대본을 읽어 보니 매주 시대 배경이 바뀌었다. 첫 회는 삼국 시대가 배경이었는데, 다음 주엔 고려 시대가 펼쳐졌다. 매회 타임머신 타고 왔다 갔다 하는 작품을 준비하느라 가뜩이나 정신이 없는 판에 대본에도 오류가 있었다. 조선 중기에나 국내에 들어온 감자가 뜬금없이 고려 시대에 등장한 것이다. 또 다과상과 주안상이 필요한 연회 장면은 왜 그리 많은지.

이런 작품을 만나면 푸드 코디네이터들만 고생하는 건 아니다. 미용, 소품 등 모든 스태프들이 매회 시대를 넘나들며 갖은 고생을 한다. 이렇게까지 고생했는데 만약 시청률이 바닥을 기면, 그 억울함은 또 어디에다 호소해야 할까.

방송은 스피드의 미학이다. 이는 방송 푸드 코디네이터에게도 그대로 적용된다. 스튜디오라는 한정된 공간에서 한정된 시간 안에 프로그램마다 다른 콘셉트의 코디네이션을 선보여야 하므로 정밀한 작업보다는 '대충' 때우게 되는 경우가 적지 않다. 많을 때는 하루에 15편의 프로그램을 '해치운' 적도 있었다. 몸이 열 개라도 모자란다는 말이 정말 실감 나는 날이었다. 이런 날은 보통 하루에 19시간씩 서 있다. 다리가 퉁퉁 부어오르고 현기증이 난다.

이틀 연속으로 근무하는 날도 있다. 일요일 아침 8시에 출근해서 화요일 아침 7시에 퇴근하는 식이다. 48시간 근무다. 왜 그럴까. 한 프로그램의 촬영이 지연되면서 연이어 다른 프로그램들까지 '도미노처럼' 지연되기 때문이다. 이런 파김치 업무가 한 달에 한 번꼴로 돌아온다. 특히 봄·가을 프로그램 개편 때에 가장 바쁘다.

방송 푸드 코디네이터의 하루 일과는 대체로 이렇다. 오전 9시 출근하면 전날 촬영한 식기들이 스튜디오에 널려 있다. 이 식기들을 '정리' 하는 것이 하루 일과의 시작이다. 아이러니컬하게도 요리의 시작을 '설거지' 부터 하는 셈이다. 지금이야 식기 세척기가 있지만 입사 초기

(1998년)만 해도 일일이 손으로 설거지를 해야 했다. 스튜디오 정리가 끝나면 그날 촬영할 프로그램 대본을 읽는다. 보통 오후 2시부터 촬영이 시작되므로 점심 시간 전까진 각 장면에 필요한 요리 재료와 소품을 준비해야 한다.

내가 근무하는 MBC 미술센터 제작2팀 조리실의 실원은 단 3명뿐이다. 이 3명이 MBC 자체 제작 프로그램은 물론 외주 제작 프로그램 요리까지 전부 책임지고 있다. 〈뽀뽀뽀〉에 출연하는 아이들의 간식거리에서부터 각종 드라마에 등장하는 식사 장면 준비, 〈100분토론〉 출연 패널들의 음료수 잔을 챙기는 것까지 모두 우리 몫이다.

가장 바람직한 건 〈대장금〉이든 〈신돈〉이든 혹은 〈논스톱〉이든 간에 푸드 코디네이터 한 사람이 프로그램 하나씩만 책임지는 구조로 가는 것이다. 하지만 많게는 하루 15편의 프로그램의 요리를 맡아야 하는 지금의 방송 환경에선 쉽지 않을 것 같다.

시간에 쫓기고 동시에 여러 일을 처리하며

〈신돈〉처럼 고증이 까다로운 사극을 맡으면 없는 시간을 쪼개 이 사람 저 사람 찾아다니며 자문을 구한다. 좀 더 완벽한 음식 고증을 위해서이다. 며칠 전에는 궁중 음식 연구가인 한영용 선생님과 인사동에서 다기 전문점을 운영하는 분을 만나 고려 시대 상차림에 대해 의논했다. 사실 〈신돈〉은 방송 초기부터 연회 장면이 잦아 전문가들의 조언이 꼭 필요했다.

당연한 말이지만, 요리를 좀 아는 PD나 작가와 일하는 게 그렇지 않은 사람들과 일하는 것보다 즐겁다. 〈인어 아가씨〉 대본을 쓴 임성한 작가는 대본을 쓸 때 음식 부분을 자세하게 설명하는 것으로 유명하다. 기본적으로 대본에 충실할수록 완성도 높은 프로그램이 만들어지므로, 임성한 작가처럼 상세하게 내용을 적어 주는 사람과 함께 일하는 게 몸은 고되어도 일의 만족도는 높다.

입사 초기 〈보고 또 보고〉란 드라마의 요리를 맡았을 때의 일이다. 주인공 집안 어른의 고향이 개성이라 드라마 내내 다양한 개성 음식들 이 등장했는데, 어느 날 대본에 '꽃게무젓'이라는 낯선 음식이 적혀 있 었다. 여기저기 아무리 자료를 뒤져 봐도 이게 어떤 음식인지 알 수 없 었다. 아는 교수님께 전화를 걸었다.

"꽃게무젓이 뭐예요?"

"그런 건 처음 들어 보는데?"

교수님도 모르는 음식이라니, 대체 어쩌란 말인가. 어찌어찌 그날 촬영을 잘 넘겼다. 꽃게무젓이 어떤 음식인지 알게 된 건 그 뒤 우연히 서점에 들렀을 때였다. 한 개성 음식 전문점의 주인이 쓴 개성 음식에 관한 책에 〈보고 또 보고〉에 등장한 모든 음식이 설명되어 있는 게 아 닌가. 그제야 작가가 이 책을 읽고 대본을 썼구나 짐작했다. 이 책을 미리 알았다면 그토록 고생하진 않았을 텐데…. 그래서 평소 PD나 작 가와 소소한 이야기라도 자주 나누고 정보를 얻는 게 필요하다.

〈신비한 TV 서프라이즈〉는 내게도 '놀라운' 프로그램이다. 여러 나 라에서 일어난 신비한 사건을 소재로 하는 프로그램인 만큼 동서고금 의 듣도 보도 못한 요리들이 등장하기 때문이다. 13세기 몽골 장수들 이 먹던 술부터 중세 유럽의 호화로운 만찬까지, 깜짝 놀랄 만한 요리 들이 선보인다. 그러나 그 모든 방송 요리를 다 제대로 만들 수는 없는 노릇이다. 때문에 방송 푸드 코디네이터는 어떤 음식이든 만들 줄 아는 게 우선이고 맛은 그 다음이다. 완벽하진 않더라도, 설사 한 번도 본 적 없는 요리라 하더라도 웬만한 요리는 모두 '흉내' 라도 낼 줄 알아야 한다.

하지만 대개는 나 스스로가 욕심을 내어 좀 더 대본에 충실한 요리를 만들고자 할 때가 많다. 드라마 〈귀여운 여인〉에는 유난히 호텔 요리 장면이 많았다. 그 비싼 호텔 요리를 일일이 준비할 수는 없는 노릇이니 비슷비슷한 재료로 외양만 흉내 내는 일이 잦았다. 그런데 촬영분 중에 한 마리에 30만 원 하는 '다금바리' 회가 필요한 장면이 있었다. 가격도 가격이지만, 촬영일이 설날이라 구하려야 구할 수도 없었다. 대충 비슷하게 보이는 도미를 올려놓고 '눈 가리고 아웅' 하는 편법도 생각했지만 도미와 다금바리는 대가리 생김새가 크게 달랐다. 결국 어쩔 수 없이 항공편으로 제주도에서 다금바리를 공수했다. 훨씬 비싼 값을 치르고. 덕분에 설 명절에 때 아닌 생선회 잔치를 벌였다.

이렇게 열심히 준비한 음식 장면이 방송 시간 등 이런저런 제작 여건상의 이유로 '잘릴' 때도 많다. 끼니 굶어 가며 호화로운 파티 장면을 위한 음식을 열심히 준비했더니 정작 출연자들의 스탠딩 장면만 클로즈업되어 물잔만 나오고 말거나, 아예 파티 장면 자체가 사라져 버릴 때는 정말 허탈하다. 어쩌면 이런 일이 비일비재하다는 걸 깨닫고 편하게 받아들일 수 있을 때 비로소 방송의 생리를 이해하는 것인지도 모르겠다.

방송사, 계열사에서 방송 관련 일을 하며 내가 받는 급여는 의외로 적다. 기자나 PD와는 달리 시간 외 근무 수당 등을 합쳐도 중소기업의 급여 수준을 넘지 못한다. '현장직'은 학력에 상관없이 고졸 대우를 받기 때문이다. 이 외에도 아쉬운 일이 또 있다. 끼니를 건너뜰 때이다. 남의 밥상 차려 주느라 정작 자기 밥은 못 챙겨 먹는 신세라고 할까. 이따금 발생하는 밤샘 근무와 불규칙한 식사도 힘들다. 요리 관련 직종이 대개 그렇듯 방송 푸드 코디네이터에게도 강철 같은 위장과 튼튼한 체력은 필수이다. 때때로 이런 현실이 힘들게 느껴질 때도 있지만, 보다 나은 내일을 꿈꾸며 오늘의 힘겨움을 꿋꿋이 감수할 수밖에….

참, 이 일의 가장 큰 매력은 요리 분야의 대가들을 만날 수 있다는 점이다. 단지 여러 명인과 대가들을 만나는 데 그치지 않고, 잠깐씩이라도 함께 호흡을 맞춰 가며 이들의 솜씨를 직접 보고 배울 수 있다.

협찬사, 소품 담당자, 시청자의 마음까지 헤아려야

우리나라의 경우 푸드 코디네이터의 영역은 아직 세분화·전문화되지 않았다. 푸드 코디네이터는 '음식을 중심에 놓고 연출하는 사람'이라고 할 수 있는데, 이 중 방송 분야는 푸드 스타일리스트와 식공간 연출가의 중간 지점에 있는 셈이다. 테이블 위에 음식을 세팅하는 것 이상으로 주위 배경과의 조화도 고려해야 하기 때문이다. 한마디로 말하면 요리에 관한 한 '진행자'의 역할을 한다고 보면 된다.

이른바 'PPL(products in placement)'이라고 불리는 '간접 광고 관리도 방송 푸드 코디네이터의 일이다. 2001년 방송법이 개정되면서 간접 광고에 대한 제한이 엄격해졌다. 이를테면 맥주병에 회사 로고가 보이지 않도록 스티커를 제작해 붙이는 것까지 신경을 써야 한다. 문제는 스티커 처리를 해선 안 되는 프로그램이 있다는 점이다. 시트콤이나 오락 프로그램은 프로그램 분위기상 스티커로 가려도 크게 거슬리지 않지만, 미니 시리즈나 단편 드라마의 경우는 좀 다르다. 제재를 받지 않도록 로고가 보이지 않게 소품을 배치하면서도 프로그램의 품위를 떨어뜨리지 않도록 주의해야 한다.

술 마시는 장면을 촬영할 때 소주는 맹물, 양주는 홍차를 이용하는 것이 기본이다. 그런데 정작 어려운 것은 내용물이 아니라 술병이다. 소주나 맥주와는 달리 고급 양주나 와인은 병을 구하기가 의외로 어렵다. 장식용으로 집에 비치해 놓는 일이 많기 때문이다. 결국 내가 직접 구해서 다 마신 뒤 소품으로 쓴 술병이 적지 않으니 방송 때문에 늘어난 주량도 만만치 않은 셈이다. 방송 푸드 코디네이터로 일하면서 내게 달라진 것이 또 하나 있다. 외식을 하게 되면 자연스럽게 인테리어나 테이블 세팅에서 눈을 떼지 못하는 것이다. 그래서 외식 땐 꼭 사진기를 들고 가서 양념통 하나라도 찍어 온다. 특히 관심이 가는 건 각종 그릇이다. 숟가락 들기 전에 그릇 밑면의 상표를 확인하는 게 '식사 습관'(?)이 됐을 정도다.

협찬을 잘 받는 것도 푸드 코디네이터의 일이다. 협찬사들은 대체로 프로그램 협찬을 환영하지만, 몇몇 상품은 꺼려 한다. 와인 잔처럼 파손되기 쉬운 물건이면 더욱 그렇다. 불과 몇 년 전만 해도 협찬 물품이 파손되면 담당자가 책임을 져야 했다. 일일이 '파손 보고서'를 만들어 회사에 제출하고, 자신의 월급에서 제하기까지 했을 정도다. 지금은 소품 파손 부분을 '소모품' 개념으로 인정해 주고 있지만, '남에게 물건을 빌리는 일'은 언제나 신경이 쓰인다. 또 소품 부서와 업무 중첩이 많으므로 방송사 소품 담당자와의 '인간관계'도 원만해야 일이 편하다.

시청자들의 마음도 잘 헤아려야 한다. 프로그램의 음식 소품이 실생활과 너무 동떨어져 있으면 곤란하다. 평범한 서민이 등장하는 드라마에 고급 레스토랑에서 식사하고 양주 마시는 장면이 나오면 어떨까. 시트콤은 다소 과장돼도 넘어갈 수 있지만 드라마, 특히 일일연속극은 세심한 주의를 기울여야 한다. 방송사 게시판에 올라오는 항의 글의 상당수는 실생활과 맞지 않는 주인공들의 '럭셔리'한 모습을 지적하는 내용들이다. 그래서 〈굳세어라 금순이〉의 방송 요리를 맡았을 때는 반찬 가짓수를 줄이고 밥의 양을 늘리는 식으로 금순이네 친정집 상차림을 표현했다. 가난한 집에선 찬보다 밥이 우선일 테니까.

챗바퀴 돌 듯 정신없이 돌아가는 방송 일의 힘겨움을 달래 주는 건 방송 밖의 일, 내게 있어서는 '영화'이다. 사실 나는 여러 편의 한국 영화에서 음식 코디네이션을 맡아 일한 적이 있다. 영화는 제작 과정이 길면 2~3년씩 되므로 시간과 정성을 듬뿍 쏟을 수 있어서 매력적이다. 가장 기억에 남는 영화는 〈취화선〉이다. 배경이 조선 시대 후기라서 비교적 정확하게 고증할 수 있었고, 이런 고증을 바탕으로 음식을 만들려고 노력했다. 영화에 등장하는 거의 모든 음식을 내가 직접 만들었다고 해도 과언이 아니다. 김치까지 직접 담갔으니까. 전을 부칠 때도 흥이 났다. 당시엔 지금과 같은 표백 밀가루가 없었으므로 하얀 부침개가 상에 오르면 엉터리다. 그래서 도토리 가루와 메밀가루를 섞어 거뭇거뭇한 색이 돌도록 해서 전통 부침개의 풍미를 재현하였다. 촬영 스태프들도 아주 만족했다. 이 밖에 〈단적비연수〉, 〈내 마음의 풍금〉, 〈이재수의 난〉 등의 영화 음식 코디네이션을 맡아 하며 '진짜 푸드 코디네이터'로서의 기쁨을 맛보았다.

영화 일을 하다 보면, 주방 시설이 불편한 산골 오지에서 촬영할 때가 많다. 고생스러운 건 둘째치고 시설 여건 때문에 제대로 못하는 게 참 아쉬웠다. 캠핑카가 있었으면 좀 더 좋은 영화를 만들 수 있겠다 싶었다. 그래서 내 단기 계획은 캠핑카를 한 대 사는 것이다. 언젠가는 영화 전문 푸드 코디네이터가 되고 싶기 때문이다. 하지만 정기적인 수입이 보장되지 않으므로 영화 일만 할 수는 없다. 현재로서는 방송 일 중간중간 안식년처럼 찾아오는 재충전의 기회라고나 할까.

언젠가 영화 전문 푸드 코디네이터가 되리라

나는 어릴 때부터 유달리 음식 만드는 걸 좋아했다. 쿠키며 케이크 등 갖가지 요리를 만드는 게 참 재미있었다. 그땐 정말 요리사가 되고 싶었다. 대학에 진학할 때 당시 인기가 높았던 식품영양학과가 아닌 조리과를 택한 건 그런 이유에서였다. 수능을 치른 후 요리 학원을 다니며 양식 조리사 자격증을 땄고, 대학 1학년 여름방학 땐 한식 조리사 자격증도 땄다. 그랬던 내가 요리사가 아닌, 푸드 코디네이터의 길을 걷는 게 참 의외이지만, 어차피 삶이란 건 자신의 뜻대로만 움직이지 않기에 더욱 흥미로운 게 아닐까.

내 꿈은 영화 전문 푸드 코디네이터이다. 그 꿈을 위해 나는 2005년 3월부터 숙명여대 전통음식대학원을 다니고 있다. 일과 공부를 병행하기가 쉽지는 않지만, 회사의 배려로 아직 한 번도 학교를 빠진 적이 없다. 이곳에서 배우는 관혼상제에 관한 지식은 흥미로울 뿐만 아니라, 업무에 도움이 되는 부분이 많다. 만약 〈대장금〉 같은 드라마를 한 번 더 맡는다면 그땐 정말 잘할 수 있을 것 같다.

아직 갈 길이 멀다. 우리나라에선 영화 전문 푸드 코디네이터라는 게 아직 존재하지 않을 뿐 아니라 경제적으로도 어려울 게 뻔하다. 하지만 요리사를 꿈꿨던 내가 푸드 코디네이터가 됐듯이 프리랜서 영화전문 푸드 코디네이터의 꿈 역시 조금 다르게라도 이뤄지지 않을까. 그 꿈을 이루기 위해 오늘도 나는 대본을 읽고 또 읽는다.

(구술 정리 : 이오성)

산과 들,
산야초를 사랑할 뿐

| 신비 |

본명은 신연신으로 1958년생. '풀'이 좋아 30년 넘게 산야초와 함께 살고 있는 독특한 이력의 소유자로, 지리산을 비롯해 전국 방방곡곡의 산을 오르내리며 산야초 요리를 만들어 왔다. 현재 광주 지방법원 뒤편에서 산야초 요리 전문점 '풀향기'를 운영하고 있다.

1996년 6월 어느 날, 나는 차를 타고 전남 무안군의 한 국도를 달리고 있었다. 해제면을 지나 양월리 근처 야산을 지나던 중 무언가 반짝 눈에 띄었다. 길옆 수풀 사이로 빨간 열매가 주렁주렁 달린 나무가 보였다. 너무나 예뻐 차를 세우고 다가가 살펴보니 부러진 뼈와 신경통에 탁월한 효능이 있다는 '접골목(接骨木)'이었다. 3미터 크기의 어미 나무를 중심으로 사방에 어린 접골목들이 군락을 이루고 있었다. 접골목 군락은 처음 보았다. 접골목은 보통 2~3미터 정도 자란다고 알려져 있지만, 야생에서 3미터 접골목 나무를 찾기는 쉽지 않은 일이다. 그런데 접골목 군락을 발견하다니 더없는 행운이었다. 나는 속으로 연신 '감사합니다!'를 외쳐 댔다.

이후 양월리는 내가 종종 다녀가는 접골목의 보고가 됐다. 봄이면 잎과 줄기를 따고 새순을 꺾었다. 특히 새순은 살짝 데쳐 무치거나 밀가루 옷을 입혀 튀김을 만들어 먹으면 단연 일품이다. 여름이면 열매를 따서 술을 담갔다. 그리고 신경통이 있거나 관절이 아픈 사람들에게 접골목 요리를 제공했다. 목욕과 찜질을 할 수 있도록 접골목 잎과 줄기를 나눠 주기도 했다. 손님들의 반응은 최고였다. 특히 신경통이 있는 손님들은 접골목 요리를 맛보기 위해 일부러 먼 길을 찾아오기도 했다. 접골목과의 인연은 그렇게 5년 동안 계속됐다.

그러나 6년째 되던 해부터는 더 이상 접골목의 잎과 줄기를 채취할 수 없었다. 2002년 봄, 다시 양월리를 찾았을 때 우람한 어미 나무의 줄기가 처참하게 잘려 있었다. 누군가 입소문을 듣고 잘라 간 모양이었다. 다행히 접골목은 생명력이 강해 줄기가 잘렸어도 새순이 돋아나 있었다. 아직 어린 접골목도 많아 잘만 보존하면 다시 군락을 이룰 수 있을 것 같았다. 그러나 이는 내 바람으로 끝나 버렸다. 이듬해 어린 접골목까지 흔적도 없이 뽑혀 없어지고, 그곳은 한마디로 폐허가 되어 있었다.

그때의 충격은 지금도 말로 다 표현할 수 없다. 허탈감과 분노를 주체할 수 없었다. 몸에 좋다고 하면 뿌리까지 파내는 인간의 잔인함, 보존하면서도 얼마든지 취할 수 있는데 다른 사람은 생각도 않고 혼자만 잘 먹고 자기 욕심만 채우려는 그 이기심이 증오스러웠다. '누군가 정말 절실한 사람이 채취해 갔을 것'이라고 애써 마음을 추슬렀지만 접골목 요리를 기다리는 아픈 사람들의 눈망울이 밟혀 한동안 잠까지 설쳤다.

산도 풀도 다치지 않게

새벽 5시, 명상에 잠긴다. 바른 자세로 정좌해 길게 숨을 들이마시며 기도한다.

'산도 풀도 다치지 않게 하소서. 내 안의 욕심을 버리게 하소서.'

접골목 사건 이후 나는 사람들이 산야초를 상하지 않게 해 달라는 기도와 명상으로 하루를 시작한다. 그리고 내 안에 혹시나 있을지 모를 욕심의 뿌리를 쳐낸다.

산야초는 산과 들 어디서든 채취할 수 있고 주위에서 흔히 볼 수 있는 '보잘것없는'(?) 풀이다. 그러나 산야초는 산, 흙, 물, 바람, 햇빛이 자연의 순리에 따라 만든 소중한 생명이다. 인간은 산야초를 먹음으로써 자연의 비타민과 미네랄을 고스란히 섭취할 수 있다. 그러니 산야초를 채취할 때는 감사하는 마음을 가져야 한다. 새순을 뜯더라도 뿌리가 뽑히지 않도록, 산도 나무도 풀 한 포기도 다치지 않게 배려하며, 불필요한 욕심을 버리고 꼭 필요한 만큼만 채취하는 '상생'의 자세가 필요하다. 그것이 자연의 섭리를 따르는 길이고 함께 살아가는 이치이다. 아침 명상은 내 마음가짐을 바르게 하는 일종의 의식이다.

나는 광주에서 '풀향기'라는 산야초 요리 전문점을 운영하고 있다. 가게를 처음 찾는 손님들은 열이면 열 이렇게 묻는다.

"이게 뭐예요?"

"이런 것도 먹어요?"

그럴 때마다 나는 차분히 산야초의 효능에 대해 설명한다.

"이건 생강나무, 저건 엄나무입니다. 생강나무는 혈액 순환을 돕고 피를 깨끗하게 하는 효과가 있습니다. 씨앗을 술에 담가 마시면 근육과

:: '풀향기'에서 제공하는 산야초 정식 상차림. 산야초 정식에는 쑥부쟁이, 생강나무, 다래순, 두릅순, 엄나무, 오가피 등 계절에 따라 다른 23가지 산야초 반찬이 따라 나온다.

뼈가 튼튼해지고 머리가 맑아집니다. 옛날엔 산모들이 미역 대신 달여 먹었던 겁니다. 또 엄나무는 관절염, 종기, 피부병 등 염증 질환에 탁월한 효과가 있지요."

가게는 광주 지방법원 뒤 주택가 골목길에 있다. 큰길에서 뚝 떨어진 외진 곳이라 눈에는 잘 띄지 않는다. 상권 입지로 보면 '망하기 딱 좋은 곳'이다. 그러나 한 번 찾은 손님이 일행을 데려오고, 그 일행이 또 다른 일행과 함께 찾아오니 이제는 알 만한 사람은 다 아는 곳이 됐다. 법원 직원들이 '산야초 정식 먹는 동아리'를 만들어 한 달에 한 번씩 꼬박꼬박 찾아올 정도이다.

메뉴는 산야초 정식과 산야초 비빔밥이 전부이다. 산야초 정식에는 23가지 반찬이 따라 나온다. 계절마다 다르지만 쑥부쟁이, 생강나무, 다래순, 두릅순, 가죽(참죽), 감잎, 구기자순, 화살나무, 활나무, 엉경

퀴 등을 내놓는다. 망초는 거의 빠지지 않는 단골 메뉴이다. 칡순, 찔레순, 방앗잎, 어름, 엄나무, 오가피 등 구하기 힘든 나물도 상에 올린다. 이처럼 음식은 가급적 손님들이 먹어 보지 못한 것으로 채운다. 고사리, 도라지, 취나물 등 어디서든 먹을 수 있는 나물 반찬, 특히 인위적으로 재배된 것은 굳이 상에 올릴 필요를 못 느낀다.

식사가 끝나면 차를 낸다. 매화차, 칡꽃차, 국화차 등 꽃으로 만든 차와 쑥차, 솔잎차, 민들레차, 인동초차, 구절초차 등 그때그때 제철에 맞으면서도, 아무 데서나 맛보지 못하는 그런 차를 대접한다.

"보약 한 재 먹는 것보다 여기서 밥 한 끼 먹는 게 더 낫네요. 한약재도 다 중국산인데… 여기선 자연에서 난 걸 직접 채취해서 만드니 밥 한 끼가 보약이에요. 너무 고마워요."

손님들의 인사 한마디에 나는 다시 산에 오를 힘을 얻는다. 내가 만든 요리가 그들에게 보약이 되고, 손님들의 칭찬이 내게 보약이 된 셈이다.

산야초, 그 자체가 레시피

우리 가게는 철저히 예약제로 운영된다. 예약을 하지 않으면 제대로 된 산야초 정식을 맛볼 수 없다. 예약을 받고 필요한 만큼만 음식을 준비하기 때문이다. 예약을 않고 찾아온 손님들에게는 산야초 정식을 내지 못하다 보니, "미리 많이 준비해 놓으면 되지 않느냐."고 굳은 얼굴로 반문하는 이들도 있다.

나는 매일 산야초를 채취한다. 설사 채취하러 간 곳에 산야초가 우거져 있다 하더라도 그날 쓸 만큼만 채취한다. 신선함을 유지하기 위해서이다. 수고스러워도 나는 매일 산에 오른다. 아침 일찍부터 산야초를 채취해 점심 손님들을 받고 오후에 다시 산으로 향한다. 담양, 화순 등 광주 근교부터 장흥, 무안, 진도 등 조금 먼 곳까지도 간다. 아마도 날마다 등산하는 '팔자 좋은'(?) 요리사는 대한민국, 아니 전 세계에서 나밖에 없을 것이다. 주말에는 지리산, 무주, 거창, 영동 등지로 나가기도 한다. 오후 5~6시쯤 가게로 돌아와 다음 날 손님들께 낼 나물을 다듬고 데쳐 놓는다. 그날 채취한 산야초는 무슨 일이 있어도 음식 만들 준비를 다 해 놓는다는 것도 내 원칙이다. 때문에 차(茶)까지 다 만들고 나면 새벽 2시. 그제야 겨우 하루 일과가 끝난다.

산야초 요리를 배울 수 있는 책이 있는지 묻는 사람도 많다. 유감스럽게도 내가 아는 한 산야초 요리법을 제대로 담은 책은 없다. 산야초를 소개하는 책은 있고, 간혹 짤막하게 요리법이 소개되어 있기도 하지만 만족스럽지 못하다. 나는 산야초 요리를 정식으로 배운 적이 없다. 대부분 시골 아주머니들의 어깨너머로 배운 것들이다. 그런데 신기하게도 산야초가 들어간 요리에 있어서만큼은 절대 미각에 가까운 능력을 지녔다. 처음 접한 산야초 요리라고 해도 일단 맛을 보면 어떤 양념이 들어갔는지 감이 온다. 감이 오면 직접 산야초를 채취해 음식을 만들곤 했다. 이런 내 모습에 지리산에서 생활하는 산사람들도 모두 놀랄 정도였다.

"신비가 만든 음식이 더 맛있는 것 같아."

덕분에 지리산 근처 음식점을 자유자재로 드나들며 맛을 보고 직접 만들어 보면서 산야초 요리를 배웠다. (내 경험으로 산야초 요리를 가장 잘하는 곳은 지리산 '하늘 아래 첫 동네'로 알려진 심원 마을이다.)

:: 왼쪽부터 개망초 나물, 돌미나리 나물. 산야초 특유의 향을 살리기 위해 인공 조미료를 전혀 쓰지 않고 조선간장과 참깨를 이용해 기본적인 양념만 하는 것이 특징이다.

나는 내 느낌대로 요리를 한다. 결과는 항상 '만족'이다. 산야초를 요리하는 일은 그래서 즐겁다. 정해진 답이 없으므로 직접 요리를 하면서 맛을 내는 재미가 쏠쏠하다. 나는 주위의 모든 것들에서 산야초 요리를 배운다. 책에서 봤든, 시골 아낙네가 흘리는 '카더라 통신' 류의 소문이든 산야초의 쓰임에 관한 것이라면 그냥 넘기지 않는다. 한번은 주로 열매만 먹는 복분자의 줄기를 끓여 먹으면 당뇨에 좋다는 말을 들었다. 이 말을 그냥 흘려 버릴 수 없어 두 달간 줄기를 끓여 먹었다. 나를 실험 대상으로 일종의 임상 실험을 한 셈이다. 실제로 당뇨 수치가 떨어지는 것을 확인하고, 이후 당뇨로 고생하는 손님이 오면 복분자 줄기 끓인 물을 내기도 한다.

사실 산야초는 뭐 하나 버릴 게 없다. 잎은 나물로 먹고, 꽃은 튀기거나 장식하는 데 쓴다. 줄기는 효소나 발효차로 만들고, 뿌리는 약재로 쓴다. 산야초는 특유의 향이 있으므로 기본적인 양념만 한다. 인공 조미료는 절대 쓰지 않고 주로 조선간장과 참깨를 이용한다. 꼭 향신료를 써야 한다면 박하나 방앗잎 등을 말려 쓴다. 말하자면 산야초 그 자체가 레시피가 되는 셈이다.

내가 산야초에 관심을 가지게 된 것은 외할아버지의 영향이 컸다.

마을 훈장이었던 외할아버지는 산책을 다녀오실 때마다 양손 가득 '풀'을 따 오셨다. 꽃은 관상용으로 쓰고 잎으로는 나물을 해 먹는 '자줏빛 방망이', 아린 맛이 강해서 튀기거나 데쳐 먹는 '달맞이꽃 잎사귀' 등 길가나 야산에 있는 산야초를 뜯어 오셨다. 국화도 빼놓을 수 없는 단골 메뉴였다. 그러다 보니 저녁 밥상에는 어김없이 산야초 나물이 올라왔다. 어렸을 때부터 산야초 나물을 먹으면서 자연스럽게 그 맛에 익숙해졌다. 그래서 그랬는지, 나는 공부보다 산에 올라 산야초를 따고, 그것을 알아 가는 게 더 재미있었다. 교실에 갇혀 있는 것보다 산야초와 '노는 게' 더 행복했다. 그래서 학교에 간다 하고 집을 나와 하루 종일 산과 들을 싸돌아 다니며 풀과 놀았다. 좀 쑥스럽지만 학교에 간 날은 1년이면 70일 남짓이었다.

열세 살 때부터 산과 들을 누비던 습성은 학교를 졸업하고도 계속됐다. 20대 때는 거의 산에서 살다시피 했다. 종종 지리산에 들어가 민들레차, 화살나무차, 으름(어름)나무차, 쑥차 등 온갖 차를 만들며 지냈다. 차 만들고 남은 재료로는 효소를 만들었다. 효소란 생식물을 숙성시켜 우리 몸에 이로운 작용을 하도록 만든 '음식'이다. 주로 민들레, 돌나물, 솔잎, 돌미나리, 어성초 등을 이용해, 때로는 해당화 열매나 함초, 익모초 등 남들이 잘 사용하지 않는 재료를 이용해 효소를 만들었다. 말이 효소이지 가게 손님들은 효소를 보약처럼 여긴다. 식후에 후식처럼 먹거나 식전에 입맛을 돋우는 전채처럼 먹는 사람들도 많다. 요즘 들어 부쩍 홈쇼핑이니 인터넷 쇼핑몰에서 효소 제품을 판매하는 걸 보면, 효소의 효능이 알려진 듯해서 한편으로는 뿌듯하고 한편으로는 안타깝다. 그저 우리 집에서 가끔씩 식사나 하면 돈 내고 비싼 효소 제품을 사 먹을 필요가 없을 텐데 싶어서이다.

산이 준 것을 사람들과 함께 나누며

매년 봄이면 차를 따기 위해 산에 오른다. 차를 따러 갈 때는 몇 가지 원칙이 있다. 먼저 산야초 고유의 향 이외에 다른 향이 배지 않게 하려고 애쓴다. 출발 전에는 반드시 목욕을 하고, 머리를 감을 때에도 샴푸나 비누 대신 녹차를 이용한다. 화장품이나 향수를 쓰지 않는 것은 기본이다. 평소 하루 한 갑의 담배를 피우는 '애연가'이지만 이때만큼은 담배 근처에도 가지 않는다. 자연 소재의 편한 면 옷을 입고 차를 담는 바구니 역시 플라스틱이 아니라 전통 대나무 제품을 쓴다.

차를 따러 갈 때는 미리 사람들로부터 주문을 받는다. 익히 소문이 나서 그런지 요즘은 보통 주문이 100통이 넘는다. 녹차와 쑥차를 주로 따고 백초차, 민들레차 등의 약재도 준비한다.

차의 백미는 뭐니 뭐니 해도 '백초차'이다. 백초차는 말 그대로 100가지 안팎의 새순으로 만든 차로, 이른 봄부터 5월까지 지리산 800미터 이상의 봉우리에서 나는 100여 가지 약초로 만든 것이다. 지리산에 있을 때 만났던 약초꾼 문상희 씨가 4년의 연구 끝에 만든 백초차는 둥굴레, 오가피, 두충, 산작약, 당귀, 산다래, 구지뽕, 어성초, 오미자, 솔잎, 감잎, 칡순 등 봄에 나는 100여 가지의 약초 새순을 녹차 제조 방식으로 덖은 것이다. 백초차는 주로 죽을병에 걸린 환자들이 많이 찾는다. 그래서 양은 적은데 찾는 사람은 많아 만들자마자 동이 난다. 아무리 귀한 약초로 만들었다 해도 병에 쓴다는 데 돈을 받을 수는 없다. 녹차와 쑥차는 돈을 받고 팔지만 백초차 등 약재는 꼭 필요로 하는 사람들에게 나눠 준다.

나는 젊었을 때부터 지리산을 비롯해 가 보지 않은 산이 없다. 그렇게 전국 방방곡곡을 돌아다니면서 딱한 사연을 간직한 사람들을 많이 만났다. 일찍 부모를 여읜 고아, 치매나 뇌출혈로 쓰러진 할아버지와 할머니…. 그런 분들을 보면 그냥 지나치지를 못했다. 내가 해 줄 수 있는 일이라곤 효능이 뛰어난 음식을 만들어 주거나 몸에 좋다는 약재를 가져다주는 일이 다였지만, 그렇게 해서 만난 환자들만 수십 명에 달한다. 지금도 중풍 환자와 암 환자를 돌보고 있다. 아픈 사람들에게 필요한 산야초를 따고 차를 끓여 환자들에게 전해 준다.

3년 전, 화순군 이양에 사는 음악 교사 임 모씨를 알게 됐다. 테너 가수로도 활동한 음악 교사였는데 7~8년 전 뇌출혈로 쓰러진 뒤, 80세도 넘은 노모가 그를 돌보고 있었다. 나는 오가피, 당귀, 두충 등의 약초를 캐서 화순으로 갈 때마다 전해 주고, 청소나 빨래를 하면서 그의 말동무가 되어 주었다. 점차 차도를 보이나 했더니 노모가 치매에 걸려 병원에 입원하면서 다시 악화됐다. 누군가 옆에서 돌보면 나을 수 있는 상황이었기에 그를 광주의 모 한방병원에 입원시켰다.

혹자는 이런 나를 두고 오지랖이 넓다고 한다. 일개 요리사 주제에, 무슨 성인군자라도 되는 양 남을 도와주는 것이 마뜩찮아 보일 수도 있다. 하지만 내게 있어 그런 일은 여러 해 동안 우리 산천의 풀과 나무를 만나고 다니면서 얻은 깨달음을 실천하는 것에 불과하다. 내가 가꾸지 않은 산천의 초목이 나와 우리 가게의 손님들에게 도움을 주듯이 나 역시 내 옆의 누군가에게 작은 손길이나마 내밀 뿐이다.

나의 숙제

나는 종종 겨울 산에 오른다. 혹시 '자연산 지초'를 찾을 수 있을까 하는 기대 때문이다. 지초는 고산 지대에서 자생하는 약초로 뿌리가 자색을 띠고 있다. 뿌리가 붉다 보니 눈이 오면 흰 눈을 빨갛게 물들여 눈 덮인 겨울 산에서 유독 눈에 잘 띈다고 알려져 있다. 예로부터 산삼, 삼지구엽초와 함께 3대 선약으로 불릴 정도로 귀한 약재다. 암 치료에도 효험이 있다고 알려져 있으며, 그 홍색이 아름다워서 염료로도 쓰인다. 진도 홍주가 유명한 것도 지초의 자색으로 착색되어 있어서 색깔이 곱고 맛이 좋기 때문이다. 다만 진도 홍주에 쓰는 지초는 중국산이거나 진도 지역에서 재배한 것이다. 자연산 지초는 몹시 찾기 힘들다. 나 역시 지금껏 한 번도 보지 못했다.

자연산 지초를 찾아 불치병으로 힘들어하는 이들에게 먹이는 것, 그것이 아직 내가 마치지 못한 숙제다.

사람들은 나를 산야초 전문가라고 부른다. 그러나 나는 '산을 사랑하고 산야초를 좋아하는 사람'일 뿐 전문가도 학자도 아니다. 나는 산야초를 재료로 음식을 만드는 요리사이다. 그저 자연에서 채취한 약재로 음식을 만들고 사람들이 그 음식을 맛있게 먹어 주면 즐거운 요리사일 뿐이다. 힘겹게 밥숟갈을 뜨는 도시인들에게 나는 오늘 산야초 요리를 권한다.

(구술 정리 : 이오성)

음식과 공간의
환상적인 조합을 꿈꾸며

| 김태윤 |

1975년생. 대학에서 소방학을 전공하고 평범하게 직장 생활을 하다 20대 후반에야 '푸드스타일 아카데미'를 통해 본격적으로 식공간 연출을 공부했다. 현재 TV와 잡지 등 여러 매체의 요리 촬영 시 식공간 연출 일을 하며 생활 요리 강사로도 활동하고 있다. 2004년, 2005년 세계도자기엑스포 토야 테이블 웨어전과 세계음식박람회 테이블 웨어전에서 입상했다.

"차암～ 맛있네요."

먹성 좋게 생긴 낯익은 코미디언이 내게 마지막으로 던진 말이다. 그러나 나는 알고 있었다, 코미디언들은 역설법의 귀재라는 걸. 그가 내게 던진 말은 칭찬의 말이 아니었다.

몇 년 전 〈MBC 일요일 일요일 밤에〉 새해 특집 프로그램에 '푸드스타일 아카데미' 원생들이 굴 일품요리(주식과 부식을 한 그릇에 조화롭게 담아 한 끼 식사로 만든 요리) 등을 하게 되었다. 나 역시 원생이었지만 총지휘를 맡은 터라 책임감이 컸다. 그래도 마음만은 꼭 그만큼의 기대와 설렘으로 가득했다.

그러나 현장에 도착한 우리는 실망하지 않을 수 없었다. 요리는 물론이거니와 공간 연출을 하는 데 만족스러운 여건이 아니었다. 방송이다 그렇겠지만, 현장에서 PD의 요구 사항은 시시각각 변했다. 결국 신선하게 먹어야 제 맛인 굴 요리 때깔이 다 죽고서야 방송이 시작됐고, 시간이 지체되어 출연자들의 따가운 눈총을 받았다. 이런저런 우여곡절 끝에 어렵게 방송을 마쳤다. TV로 자주 봐서 친근했던 그 코미디언이 내뱉은 "차암~ 맛있네요." 소리는 내 가슴속에 비수처럼 꽂혔다.

우리는 현장 경험이 너무 없었고, 언제 어떻게 돌발 상황이 발생할지 전혀 예측할 수 없었다. 한마디로 너무 순진했다. 그러니 이런 실패는 예견된 것이었다. 이렇듯 식공간 연출은 늘 '현장'을 염두에 두어야 한다. 정해진 시간 내에 적합한 상황을 고려하면서도 얼마나 예술적이고 창조적인 작품을 만들어 내느냐가 유능한 식공간 연출가(food space creator)를 가르는 가늠자가 된다.

그 뒤 몇 년이 지난 지금도 방송은 여전히 내 손에 땀을 쥐게 한다. 실습생으로 실습에 참여하는 것과 직업적인 일로 참여하는 것에는 엄연한 차이가 있었다. 내 이름을 걸고 한 첫 방송, 그 기억은 지금도 선명하다. 모 방송사 교양 프로그램에서 콩 요리를 맡았을 때였다. 처음부터 끝까지 혼자서 해야만 하는 데다, 촬영에 익숙하지 않아서 그야말로 좌충우돌이었다. 그릇을 잡을 때 카메라 위치를 염두에 두어야 하는 것에서부터 촬영 장소의 조명을 고려한 테이블 세팅까지, 그 모든 것에 미숙하기 그지없었다. 그때그때 달라지는 현장 상황을 능숙하게 받아들이고 대처하는 능력이 부족했던 것이다. 마치 '신인 텔런트'처럼 허둥대던 나로 인해 방송 스태프들까지 어려움을 겪었다. 다행히 그럭저럭 방송이 끝나고, 내가 한 음식을 맛있다며 먹는 그들의 모습에 그나마 조금 위로를 받았다.

'현장 경험'이 최고다!

나는 대학에서 소방학을 전공했다. 졸업을 앞둔 나는 취직보다는 독일 유학의 꿈을 품었다. 전공 공부를 좀 더 깊이 있게 하고 싶었기 때문이다. 그런데 유학 수속이 거의 끝나갈 즈음, 나는 어머니의 뒤늦은 반대에 부딪쳤다. 그동안 잠자코 지켜만 보시던 어머니가 어떤 마음이 드셨는지 갑자기 크게 반대를 하신 것이다. 지금까지도 어머니는 그 이유에 대해 한 말씀도 없으시지만, 아마도 하나밖에 없는 딸을 낯설고 먼 타국에 보내기 싫으셨던 것이라 짐작한다. 결국 나는 독일행 비행기를 타지 못했다.

내 꿈은 무너졌고, 그 꿈을 추스르는 데엔 약간의 시간이 필요했다. 다시 툴툴 털고 일어나 평범한 사회인이 돼 보자고 생각했다. 그런데 회사 생활을 하는 사람이라면 누구나 알겠지만 매일 똑같은 일상이 그토록 지리멸렬할 수가 없었다. 그 생활을 버텨 내기에 내 인내심은 턱없이 부족했다. '착실히 돈 벌어 효도도 하고 결혼도 하자.'는 나의 소박한 꿈이 또다시 산산조각 나는 순간이었다. 그래도 절망 뒤엔 희망이 움트는 법 아닌가. 내게 있어 그 작은 희망의 한 자락은 바로 요리였다. 더 정확하게는 식공간 연출이었다.

식공간 연출가라는 직업을 알게 된 것은 한 웹사이트를 통해서였다. 그때 나는 "아, 이런 직업도 있구나!" 하고 탄성을 질렀다. 우리나라에서는 아직 미개척 분야인 식공간 연출에 대하여 더 많이 알고 싶었다. 그래서 발 빠르게 설명회장을 쫓아다녔다. 식공간 연출은 조리와 세팅 기술, 컬러를 읽어 내는 능력에 창조성까지 요구되는 그야말로 종합 예술이었다.

어느 유명한 푸드 코디네이터는 이렇게 말했다.

"예로부터 요리는 오감으로 먹는다고 했다. 이 5가지 감각으로부터 먹는 이의 심리적·생리적·선천적·후천적 요인과 함께 직접적인 식사 환경의 요인이 음식 맛을 느끼는 데 영향을 미친다는 뜻이다. 쾌적한 식탁 연출과 함께 먹는 사람의 감정을 중요하게 생각하고, 요리와 먹는 사람의 융화를 생각한다. 테이블 코디네이터는 음식뿐만 아니라 식탁에 관계되는 모든 것, 이를테면 음식과 공간의 색채와 소재, 형태 등을 종합적으로 생각해 한층 더 즐겁고 쾌적한 분위기에서 맛있게 먹기 위한 연출을 기획하고 제작하는 것이다. 때문에 테이블 코디네이터의 3요소로는 인간, 공간, 시간을 들 수 있다."

프랑스의 유명한 식도락가 브리아 사바렝(Brillat Savarin)은 "당신이 먹는 음식을 통해 당신이 어떤 사람인가를 알 수 있다."고 말했다. 그의 말대로 '음식' 이 '인간' 을 드러낸다는 점은 무엇보다 매력적이었다. 평소 탐구심이 많고 다방면에 두루두루 관심을 갖고 있는 내 성향과 식공간 연출이란 직업은 딱 맞아떨어졌다.

"바로 이거야. 나는 여기에 평생을 걸겠어."

국내 대학 중에도 식공간 연출이 정규 과목으로 개설된 곳이 이미 몇 군데 있었지만, 뒤늦은 직업 선택이었기에 사설 아카데미의 문을 두드렸다. 정규 대학에서 일정한 시간을 두고 이뤄지는 공부에 비해 1년이라는 단기간 안에 이뤄지는 아카데미 수업은 늘 빠듯했다. 10과목도 넘는 수업을 하다 보니 늘 시간이 모자랐다. 보다 깊이 있는 공부를 하고 싶다는 아쉬움도 남았다. 하지만 단점이 있으면 장점도 있는 법. 우선 학교보다 현장 실습의 기회가 많았다. 앞에서도 말했지만, TV나 잡지, 신문 광고를 비롯해 프로그램 제작 및 각종 행사와 기획 전시회 등

:: 식공간 연출을 하고 있는
김태윤 씨.

에 두루 쓰이는 식공간 연출을 잘하려면 무엇보다 현장 경험이 풍부해
야 한다. 아카데미를 통해 들어오는 여러 행사에 참여함으로써 아마추
어에서 숙달된 전문인으로 성장해 가는 것이다.

그러나 며칠씩 준비해서 행사에 참여했건만, 아마추어라고 보수는
커녕 이름 석 자조차 올리지 못할 때는 솔직히 억울했다. 어느 날 모
잡지사 촬영을 갔다. 베이컨 요리의 연출 건이었다. 그런데 실제 일은
거의 나와 원생들이 진행했음에도 어시스턴트라는 이유만으로 우리의
작품은 유명한 식공간 연출가의 이름으로 나갔다. 분했다. 그래서 기필
코 프로가 되어야겠다고 다짐했다.

요리 전공에 목매지 마라

식(食)과 관련된 모든 공간을 책임지는 식공간 연출가에는 분야가
매우 다양하다. 식품 코디네이터, 외식 업체 이벤트, TV·CF·잡지 촬

영, 요리책 출판, 신규 창업 외식 업체의 테이블 웨어(table ware, 식탁 위에 올라가는 모든 아이템) 선정과 메뉴 제작 및 프리젠테이션까지 그 활동 범위가 매우 넓다.

식공간 연출을 하는 사람은 한 가지를 잘 알고 잘한다고 해서 자만하면 안 된다. 다양한 분야에 대해 끊임없이 관심을 갖고 실력을 쌓아나갈 때 비로소 진정한 프로가 될 수 있다. 그러니 꼭 요리를 전공해야 한다는 고정관념도 버리는 게 좋다. 오히려 음악이나 영화, 미술에 조예가 있다든지 이 일과 무관해 보이는 공대 출신이 실력을 발휘하기도 한다. 연출하려는 식공간에 전기를 연결해야 한다거나 타일이나 흙을 깔아야 한다고 가정해 보자. 그에 대한 전문적인 지식이 있다면 보다 능률적으로 일을 추진할 수 있을 것이다. 반면 미술이나 음악에 무지한 사람이 바로크풍으로 식공간을 연출한다고 치자. 생뚱맞게도 벽에는 낭만주의 화가의 그림이 걸리고, 난데없이 비틀즈의 음악이 흘러나올 수도 있지 않겠는가. 때문에 식공간 연출자는 다양한 분야에 대한 관심과 연구가 필요하다.

그러나 식공간 연출의 기본은 결국 요리임을 간과하지 말아야 한다. 식공간 연출가가 한식, 중식, 일식 조리사 자격증을 소지하고 있다면 더할 나위 없이 좋다. 내가 어떤 요리를 만드느냐에 따라 식공간은 그 색과 모양을 달리한다. 그러므로 먼저 요리를 알아야 한다. 요리는 꽃이다. 꽃이 시들었거나 말랐다면 아무리 예쁘게 포장한다고 해도 본연의 아름다움을 발할 수 없는 것과 같은 이치이다.

그러면 식공간 연출가는 구체적으로 어떤 일을 할까? 내가 콩 요리 전문점 공간을 연출했을 때의 과정을 예로 들어 설명하면 다음과 같다.

우선 어떤 식으로 공간을 꾸밀지 콘셉트를 잡고 계획을 세운다. 콩 요리는 웰빙 시대에 꼭 어울리는 메뉴이다. 그 특성을 살려 공간에 자연의 느낌을 살리는 게 좋겠다는 생각이 든다.

'한쪽 벽면의 빈 공간을 흙과 콩으로 채워 넣자. 콩 요리 전문점이니까 흙에서 새싹이 올라오는 모습을 연출하면 좋겠어. 중간중간 콩 요리 사진을 실감나게 보여 줌으로써 그 효과를 살려 볼까.'

계획을 확정하면 이를 실행하기 위하여 부지런히 발로 뛰어다녀야 한다. 그러고 보면 이 일을 하는 데 무엇보다 필요한 것이 '건강'이고 '체력'이다. 아무리 좋은 아이디어가 있고 좋은 영감이 떠오른다고 해도 체력이 뒷받침되지 않으면 아무 소용이 없다. 내 단단한 '무쇠 다리'가 기특하고 대견하기만 한 까닭이 여기에 있다. 꽃과 식물, 흙을 사기 위해 강남 고속버스 터미널과 양재동 꽃시장을 며칠 동안 돌아다녔다. 그리고 남대문에서 시계 및 메뉴판 등 여러 연출 재료를 샀다.

이제 그 재료들을 이용해 내 머릿속에 있는 그림을 그려 나가기만 하면 된다. 몇 날 며칠 밤을 새워 가며 '콩'과 씨름했다. 새벽이 밝아 올 즈음 드디어 마무리 작업. '휴~' 안도의 숨이 절로 나온다.

콩 요리 전문점 사장을 비롯해 주위 사람들의 반응은 '대만족'이다.

"우리 집은 저명한 대학 교수가 했는데, 이 집이 훨씬 근사하네요."

그때의 기쁨, 환희를 어찌 다 말로 표현할 수 있을까. 결코 쉽지 않은 일이지만, 포기할 수 없는 건 아마 고통 뒤에 찾아오는 그 달콤한 희열감 때문이리라.

며칠 뒤, 내가 연출한 콩 요리 전문점 사장의 소개로 다른 음식점에서 견적 의뢰가 들어왔다. 직접 사장을 만나 의견을 제시했다. 비용 부담 때문에 작업 계약까지는 못하고 상담으로 그쳤다. 꼭 작업으로 연결되지 않더라도, 내 조그만 도움으로 그들의 가게 매출이 오를 수도 있다는 생각에 내 일에 대한 작은 보람을 느꼈다.

문제는 인간관계다!

빛이 있으면 그림자도 있는 법. 한번은 모 방송사 오락 프로그램의 이벤트 연출 의뢰가 들어왔다. 먼저 방송 작가를 만나 대략적인 이야기를 들었다.

"뭐, 그렇게 화려하게 할 필요는 없어요. 그냥 그네에 꽃을 장식해 주시구요, 테이블에 간단한 다과와 음료를 준비해 주세요. 결혼기념일을 맞은 탤런트 K씨가 그의 아내를 위한 이벤트를 할 거예요. 알아서 잘하시겠지만, 그냥 분위기에 맞게 연출만 하면 됩니다."

그렇게 화려할 필요 없다면서도 요구 사항이 꽤 많았다. 그 요구를 충족시키기 위해서는 재료비가 상당히 들어갈 형편이었다.

"견적을 내 봐야 알겠지만, 재료비가 좀 들어갈 것 같은데요?"

그런데 작가는 프리랜서로 일하고 있는 나에게 엉뚱한 이야기를 늘어놓았다.

"어차피 방송 끝나면 재료는 다 가져가실 거잖아요? 재료는 다음에 또 쓰시면 될 테고. 자막에 이름 올려 드리면 그걸로 된 것 아닌가요?"

'기껏해야 초짜인데 방송에 이름 한 번 내 주면 됐지 무슨 잔소리냐.'는 심보였다. 나는 할 말을 잃었다. 알고 보니 내게만 해당되는 일이 아니었다. 사실 '초짜' 식공간 연출가에게 '작업 비용'과 '보수'는 스스로 풀어야 할 숙제로 남아 있다. 외국의 경우엔 식공간 연출가가 영감을 얻기 위해 관련 전시회에 가면 업체 측에서 그 비용까지 책임

:: 식공간 연출가로 공식 인정을 받으려면 각종 전시회 및 공모전에 참여해 입상하는 것이 좋다. 선시회에 참녀한 김태윤 씨.

진다고 한다. 이에 비하면 우리나라에서 식공간 연출가가 가야 할 길은 아직 멀고도 험하다.

나는 지난 2004년, 2005년 세계도자기엑스포 토야 테이블 웨어전(도자기를 이용한 테이블 세팅 전시회)과 세계음식박람회 테이블 웨어전에 참가했다. 세 번 모두 입상에 그쳤지만 좋은 경험이 되었다. 관련 전시회나 공모전에 참여하는 건 자신을 알리고 그 실력을 향상시키는 밑거름이 된다. 물론 전시회 참여 비용이 만만치 않지만, 끊임없이 도전하면 수상의 영광은 더욱 가까워질 것이라 믿는다. 현재 활동하고 있는 식공간 연출가들의 한결같은 바람은 잘 알려진 전시회에서 수상하여 자신의 실력을 공식적으로 인정받는 게 아닐까 싶다. 그러나 차후에 경력 사항을 한 줄 더 채울 수는 있겠지만, 크게 달라지는 것은 없다. 그럼에도 포기하지 않고 도전의 기회로 삼는 것은 좀 더 후에 더 큰 발전의 밑거름이 되리라는 믿음 때문이다.

사실 이 일은 혼자서 하기엔 어려움이 많다. 언젠가 혼자서 전시회 준비를 한 적이 있는데, 그때 나는 이 일은 혼자서는 하기 어려운 일이라는 것을 절실히 깨달았다. 혼자서 하다가 혹시 작업에 필요한 물건 하나를 빠뜨렸다고 생각해 보자. 그럼 왔던 길을 다시 돌아가야 하는 수고를 해야 한다. 물건 하나를 사더라도 여러 사람이 일을 분담하여 돌아다니면 훨씬 수월하다. 이렇듯 문제가 발생했을 때도, 아이디어를 상의할 때도 혼자보다는 여럿이 좋다. 보다 나은 합의점에 도달하는 과정 중에 생기는 동지애 비슷한 인간적 교감을 느낄 수 있기에 더 짜릿하다. 그래서 대개 둘 이상의 사람이 합심해서 일한다. 다만 나와 호흡이 맞는 파트너를 찾는 것은 쉽지 않다. 호흡이 맞지 않는 파트너와 일을 하다 보면 마음고생, 몸고생에 결과까지 미흡하다.

문제는 '인간관계'이다. 모든 일이 다 마찬가지이겠지만, 특히 이 일은 사람과 사람의 관계가 성공과 실패를 결정한다고 해도 지나치지 않다. 가령 어떤 사람이 누군가에게 홈쇼핑 일을 맡기려 한다면, 그 '누군가'는 분명 밝고 긍정적으로 일하는 사람이 될 것이다. 대개 음식 관련 프로그램의 분위기는 화기애애해야 하므로 늘 '하하' 웃으며 지내는 습관이 매우 중요하다.

모 채널에 〈○○○의 쿠킹 클래스〉라는 프로그램이 있었다. 나와 내 파트너는 이 프로그램의 25회 때부터 마지막 회까지 촬영에 참여했고, 대체로 방송 관계자들을 만족시킬 수 있었다. 나와 파트너의 호흡이 잘 맞았기에 가능한 일이었다. 우리는 서로의 의견을 나누며 더 좋은 방향으로 일을 해 나갔고, 결과 또한 매우 만족스러웠다.

내 가슴속 공간 연출, 이제 시작일 뿐

평소 한식(韓食)에 관심이 많던 내게 안성 여성회관에서 요리 강의를 제의해 왔다. 누군가 '남을 가르치는 것만큼 좋은 스승은 없다.'고 했던가. 부족함이 많지만 더 배우고 싶은 욕심에 용기를 냈고, 안성행 전철에 몸을 실었다. 사람들을 가르치면서 나는 더 많이 공부했고, 내 요리 또한 하루가 다르게 성장했다. 요리의 매력은 관록이 쌓일수록 기품 있는 맛을 낼 수 있다는 것 아닐까? 나이가 들수록 경험은 실력으로 축적된다. 그래서 오랫동안 매진할 수 있다.

요리를 기본으로 하는 식공간 연출은 '평생 교육'을 요한다. 시대에 따라 변하는 요리와 그 요리를 살려 주는 공간 연출, 그 분야에서 프로가 되기 위해서는 늘 공부하는 자세가 필요하다. '배움은 참으로 값진 보배'이다. 이 일에 관심이 있다면 무엇보다 건강해야 하고, 그 다음으로 이 일과 관련된 사람이나 전시회, 아카데미를 찾아다니며 묻고 공부하는 것이 좋다. 혹 '이 일이 나와 정말 맞는 것일까?' 하는 의문이 든다면 일의 성과를 냉정한 시선으로 바라보는 것도 좋겠다. 다만 열정이 있으면 실력은 반드시 좋아진다는 것을 언제든 잊지 말아야 한다.

비록 지금의 내가 자타가 인정하는 프로는 아니지만, 이 일에 대한 사랑은 그 누구에게도 뒤지지 않는다고 자부한다. 그래서 오늘도 청계천이며, 남대문 수입 상가, 그릇 상가, 동대문 직물 상가, 아크릴이니 타일 따위가 있는 을지로, 강남 고속버스 터미널 꽃 시장, 양재동 꽃 시장 구석구석을 찾아다니며 다리품을 판다. 프로다운 연출을 위한 아이템을 구상하고 마련하기 위해서다.

열정과 꿈이 있기에 마음만은 풍요롭다. 언젠가 나의 노력이 열매를 맺는 날, 내 안의 모든 경험을 아낌없이 발산해 음식부터 스타일링, 공간 연출까지 전부 내가 책임지는 한식 전문 레스토랑을 열고 싶다.

내 가슴속 꿈의 공간 연출은 이제 막 시작이다.

(구술 정리 : 이오성)

음료,
그 매혹적 미각의 안내자

| 우제규 |

1972년생. 1994년 스위스호텔학교를 졸업했다. 1999년 밀레니엄 서울힐튼호텔에 입사해 연회부, 프론트를 거쳐 8년째 근무하고 있다. 현재 호텔 내 캐주얼 레스토랑 '실란트로'에서 소믈리에로 일하고 있다. 2005년 '보르도 와인 아카데미'(14기)를 수료했으며, 현재 호텔 소믈리에 관련 강의도 하고 있다.

내가 호텔과 인연을 맺은 건 호주 어학 연수 시절이었다. 어학 연수 과정을 마치고 나는 친구 아버지가 경영하는 호텔에서 일할 기회를 얻었다. 처음엔 친구를 도와준다는 명목이었는데 일을 하면 할수록 흥미를 느꼈다. 세계 각국의 사람들이 쉴 새 없이 드나드는 호텔의 특성이 사람을 좋아하는 내 성격과 잘 맞았던 것 같다. 호텔 생활에 마음을 쏙 빼앗긴 나머지 아예 호주에서 눌러 살 작정으로 대학 입학시험까지 치르고 합격증도 받았다. 그런데 우연히 친구로부터 스위스호텔학교에 관한 이야기를 듣고, 세계 최고 권위의 스위스호텔학교에 도전하게 되었다. 기쁘고 설레어 밤잠을 설칠 만큼 입학을 고대했고 운 좋게도 입학 허가를 받았다.

스위스호텔학교는 결코 만만한 곳이 아니었다. 한국의 대학에서는 상상도 할 수 없을 만큼 많은 과제와 시험에 시달렸다. 더구나 문화도 다르고 얼굴색도 다른 먼 나라 한국에서 온 이방인에게, 스위스인들은 전혀 친절하지 않았기에 고생은 더욱 심했다. 함께 공부하는 한국인들 사이에도 경쟁이 심했다. 지기 싫어하고 자존심 강한 한국 사람의 근성 때문인지, 한국인 학생들은 서양 학생들이 끼어들 틈도 없이 1, 2등을 놓고 각축전을 벌이곤 했다. 배움의 희열과 전쟁 같은 경쟁이 뒤섞인 가운데 긴 3년이 지나갔다.

스위스호텔학교를 졸업하고 한국에 돌아와 1998년에 밀레니엄 서울힐튼호텔에 입사했다. 당시 내 업무는 호텔에서 취급하는 모든 종류의 음료를 서비스하는 것이었다. 나는 여러 파트 중에서도 와인 파트에 특히 매력을 느꼈는데, 일이 되려고 그랬는지 얼마 지나지 않아 호텔에서 본격적인 와인 서비스 교육을 받을 수 있었다. 단순히 와인을 좋아했던 '와인 마니아'에서 일약 '소믈리에'로 발전하게 된 것이다.

그러나 일을 하면서 차츰 한계에 부딪쳤다. 대중적인 인기를 얻을 수 있는 와인, 당장 상품화할 수 있는 와인을 골라 프로모션하다 보니 다룰 수 있는 와인의 종류가 협소했기 때문이다. 그 즈음 회사 측에서는 사설 교육 기관에서 와인 공부를 할 수 있도록 배려해 주었다. 나는 '보르도 와인 아카데미'를 다니며 집중적으로 와인 공부를 시작했다. 이를 통해 와인의 전반적인 흐름, 즉 국내외 와인 시장의 현황 및 와인 주조 과정, 포도의 품종별 특성 등에 대해 폭넓게 공부할 수 있었다.

와인 감별만이 전부가 아니다

우라나라에서 소믈리에(sommelier)는 흔히 '와인 감별사'로 풀이되곤 한다. 소믈리에의 어원을 살펴보면 '포도주 담당 웨이터'라는 의미가 포함되어 있다. 불어사전에는 '호텔이나 기숙사 등의 식료품 담당자, 카페나 요리점의 술 담당 보이'라고 정의되어 있다. 사전적 의미는 그렇지만, 적어도 내가 경험한 소믈리에는 '와인 감별사'보다 훨씬 더 넓은 영역을 포함한다. 호텔 소믈리에 또한 마찬가지이다. 단지 수많은 와인을 줄 세워 놓고 어떤 것이 좋고 어떤 것이 나쁜지를 구분하는 단순 감별사로 한정되지 않는다. 물론 이러한 일도 하지만 실제로 소믈리에라는 직업 앞엔 와인은 물론이고 물을 비롯해 꼬냑, 위스키, 칵테일 등 수십 종의 음료가 있다. 현장에서 소믈리에는 물과 관련된 이 모든 음식을 '서비스'하는 사람이다.

1983년 19세의 나이로 일본 최고의 소믈리에 타이틀을 거머쥔 타카시 신야는 소믈리에의 덕목으로 '서비스'를 들며 이렇게 강조했다.

"소믈리에는 와인에만 국한된 직업이 아닙니다. 그 나라의 음식과 문화에 맞는 술을 서비스하는 것, 즉 문화를 전달하는 것이 소믈리에의 역할입니다."

그는 또 "자신이 선택한 와인이 최고라는 자신감이 있어야 상대방에게 신뢰를 얻을 수 있습니다. 만남에 있어 와인이 주가 될 수 없으며 사람이 주가 되어야 합니다. 와인은 기억해서 마시는 것이 아니라 즐김으로써 기억하는 것이지요."라는 말로 자신의 와인 철학을 설명했다. 와인 그 자체에 열광하는 듯한 지금의 우리 세태를 보면 수긍이 가는 대목이다.

요리와 와인이 서로 어울리도록 조화롭게 짝짓는 것(이를 '매칭'이라고 한다.) 또한 소믈리에의 역할이다. 예를 들어 프랑스 론 지방의 와인은 송어 요리와는 어울리지 않는다. 와인의 탄닌 성분이 요리의 맛을 감소시키기 때문이다. 토끼 요리에 가벼운 화이트 와인을 함께하는 것도 별로이다. 요리가 와인의 맛을 감소시키기 때문이다. 한마디로 궁합이 맞지 않는 것이다. 이처럼 요리와 와인은 어울리는 것이 따로 있으므로 소믈리에에게 요리와 와인의 매칭 능력은 필수이다.

와인은 그 종류를 헤아릴 수 없을 정도로 많다. 와인 종주국인 프랑스뿐 아니라, 이탈리아를 중심으로 칠레, 호주, 미국, 스페인, 남아프리카 공화국 등 세계의 와인이 물밀듯이 들어오고 있다. 이렇게 많은 종류의 와인 중에 좋은 와인을 찾기 위해선 끊임없이 공부해야 한다. 시음한 와인을 기억하기 위해 시음 노트를 만들고 라벨과 코르크를 모으는 등 차곡차곡 저금을 하듯 노력을 기울여야 한다. 뿐만 아니라 요즘은 와인 마니아들도 많다. 와인 마니아들은 호텔에 들어오는 한정된 와인을 프로모션하는 소믈리에보다 훨씬 더 자유롭고 폭넓게 와인을 접할 수 있어 간혹 그들과의 대화가 부담이 될 정도이다. 그러니 소믈리에는 와인 공부를 단 한순간도 멈추면 안 된다.

와인은 주관적인 의견이 강조된다. 소믈리에인 내가 아무리 좋다고 추천해도 손님이 싫어하면 소용이 없다. 물론 프랑스나 이탈리아 정부에서 등급을 매겨 품질을 인정한 프리미엄급 와인이나 세계적으로 권위 있는 와인 잡지나 와인 대회에서 품질을 인정받은 와인도 있지만, 결국 마시는 사람이 좋아하지 않는다면 의미가 없는 것이다. 그러므로 손님에게 와인을 추천하기 전에 손님의 의향을 먼저 묻고 취향을 파악하는 것이 우선이다. 이를테면 캘리포니아 와인 로버트 몬다비(Robert

Mondavi)를 좋아하는 사람에게는 프랑스 프리미엄급 와인을 권한다 해도 만족해하는 모습을 보기는 쉽지 않을 것이다. 좋아하는 와인조차 없는 초보 손님이라 할지라도 그동안 마셨던 와인의 느낌을 물어보는 것이 필요하다. 이를 통해 가볍고 달콤한 맛을 좋아하는지, 떫은맛이 강한 진한 와인을 좋아하는지 대략의 취향을 파악할 수 있다. 사람을 척 보고 성격을 파악하고 어떤 와인을 좋아할지 알아채는 것도 소믈리에의 센스와 노하우이다. 손님의 특성과 취향을 파악해 기분 좋게 즐길 수 있는 와인을 추천하기 위해서는 섬세한 감각과 관찰력이 필요하다. 상대방을 존중하는 태도까지 지니고 있다면 더할 나위가 없다.

소믈리에라고 다 같은 소믈리에가 아니다. 오늘 아침 소믈리에 명찰을 단 사람과 평생을 와인과 함께한 소믈리에는 하늘과 땅 차이다. 힐튼호텔 고성민 과장이 한 매체에서 한 고백은 참 인상적이다.

"1995년, 3년마다 열리는 '세계우수소믈리에대회'에 참가했을 때 어느 일본인 소믈리에를 만났어요. 그분이 저한테 어떤 일을 하는지 물어봤을 때 자신 있게 '소믈리에'라고 대답했죠. 그런데 뜻밖에 '나는 와인을 공부한 지 30년이 된 뒤에야 소믈리에라고 답할 수 있었습니다.' 하는 그분의 말씀을 듣고 참으로 부끄러웠지요."

소믈리에는 사람에 대한 애정과 끊임없는 공부, 와인에 대한 열정으로 완성되어 가는 것이다.

많이 시음한 사람을 당할 수 없다

이제 와인은 더 이상 낯선 문화가 아니다. 1988년 서울 올림픽을

:: 좋은 소믈리에가 되기 위해서는 뭐니 뭐니 해도 많이 마셔 보는 것이 최고다. '소믈리에의 실력은 결국 시음한 와인 병 수에 달려 있다.'는 말이 있을 정도로, 직접 와인의 향과 맛을 경험한 사람을 당할 수 없다.

기해서 본격적으로 수입되기 시작한 와인은 20년도 채 되지 않아 몰라보게 성장해 하나의 문화로 자리매김했다. 몇 년 전부터 연예인이 자주 찾는 청담동 고급 레스토랑 골목이 와인 바로 바뀌고 있으며, 강남의 웬만한 고급 레스토랑에서는 자연스럽게 100여 종이 나열된 와인 리스트를 내놓는다. 와인을 접할 수 있는 공간과 기회도 늘어 굳이 와인 바에 가지 않아도 와인을 접할 수 있다. 온·오프라인 와인 동호회도 많고, 와인 수입 업체 및 호텔에서 주최하는 와인 시음회도 앞 다투어 열리고 있다. 그러니 책을 통해 눈으로만 공부할 것이 아니라 직접 찾아다니며 시음도 하고, 와인 관련 업종에서 일하는 사람들과 인맥도 트는 등 적극적인 노력이 필요하다.

와인 초보자라면 무조건 많이 마셔 보기를 권한다. 뭐니 뭐니 해도 많이 마셔 보는 것이 최고다. "소믈리에의 실력은 결국 시음한 와인 병

수에 달려 있다."는 말이 있을 정도로, 제아무리 특별한 감각과 센스가 있다 해도 많이 마셔 본 사람을 당할 수 없다. 와인 업계 종사자들의 다양한 경험을 듣는 것도 중요하다. 호텔이나 와인 수입 업체, 와인 전문가의 강의를 듣고 업계 현황과 판매 전략, 국내외 추세 등을 파악할 필요가 있다. 관련 방송이나 책을 모니터하는 것도 좋은 방법이다. 그리고 이런 과정 속에서 자기만의 와인 테스팅(tasting) 노트도 만들어 가며 체계적으로 와인 이론 공부를 하는 것이 좋다. 와인이 가진 풍부한 향과 맛을 익히는 것은 기본이다. 이를 위해 장미, 레몬, 초콜릿, 토스트, 가죽 등 와인이 품고 있는 수십 가지의 향을 조그만 병에 담아 훈련용으로 사용하는 '아로마 킷'이 있을 정도이다. 와인은 알면 알수록, 공부하면 할수록 알아야 할 것이 더욱 많아진다. 하나의 지식을 알면 한 가지 맛이, 두 개의 지식을 알면 두 가지 향이 더해지는 것이 바로 와인이기 때문이다.

소믈리에는 직업적으로 손님에게 와인을 추천하는 사람이니 더더욱 와인에 대한 공부가 철저해야 한다. 새로 출시된 와인에 늘 촉각을 곤두세우고 일부러 찾아서라도 누구보다 빨리 시음해야 한다. 더 나아가 한국에 들어오지 않은 와인, 즉 미개척 와인에 도전하는 것도 필요하다. 와인 문화가 대중화되긴 했지만, 수입되는 와인 종류는 유럽에 비해 상당히 협소한 것이 우리의 현실이기 때문이다. 한마디로 소믈리에는 쉴 새 없이 와인을 공부하고 탐구하고 사랑해야 한다. 결코 녹록한 직업이 아니다. 그러나 내가 좋아하는 와인, 나를 기분 좋게 하는 와인을 많은 사람들과 공유한다는 것 자체가 곧 행복을 나누는 행위이다. 그런 점에서 행복을 나누고 기쁨을 주는 소믈리에보다 더 매력적인 직업이 또 있겠는가?

소믈리에의 직업 전망은 밝다. 와인이 빠르게 대중화되면서 국내의 '소믈리에 시장' 역시 발전 가능성이 무궁무진하다. 국내에 들어온 지 불과 20년 만에 마니아층이 두텁게 형성될 만큼 인기몰이를 하고 있는 데다 아직도 상승 곡선을 그리고 있다. 이러한 여세를 몰아간다면 세계 적인 와인 시장을 형성한 일본에 버금갈 날도 멀지 않았다고 생각한다. 와인 시장이 커질수록 와인 레스토랑이나 와인 바, 와인 숍도 증가할 것이고 소믈리에를 필요로 하는 곳도 늘어날 것이다.

손님에게 '맞는' 와인을 찾아라

내가 추천한 와인을 손님이 흡족하게 여기고 기뻐할 때 나는 가장 큰 보람을 느낀다. 손님이 특정한 와인과 인연을 맺고 좋은 시간을 갖 는 것은 어쩌면 내가 손님에게 행복한 추억을 선물하는 것과 같다.

와인을 선택할 때에는 오직 손님에게 집중해야 한다. 물론 값이 비 싼 최상급 와인을 추천하면 거의 실수하는 법이 없다. 그러나 소믈리에 의 역할은 비싼 와인을 추천해 매출을 올리는 데 있는 것이 아니다. 저 렴한 가격대에서 좋은 와인을 고를 수 있는 안목을 가진 사람이 진정 한 소믈리에다. 소믈리에는 손님에게 '맞는' 와인을 추천하는 와인 안 내자이다. 위스키나 꼬냑이 그렇듯 와인 역시 고가일수록 품질이 좋다. 그래서 자신이 없으면 무조건 최상급 와인, 즉 그랑크뤼급(grand curs, 프랑스 정부가 지정한 최고 품질의 와인을 일컫는 말로 현재 총 61종 의 그랑크뤼급 와인이 있다.) 와인은 고르면 된다. '최상'이란 말은 경 지에 이른 와인 전문가와 소믈리에들이 평균적으로 인정한 최고 점수이고, 이들의 입맛을 평균적으로 종합해 내린 결론이다.

그러나 모든 사람이 이에 동의하지는 않는다. 이를테면 와인 초보자에겐 보졸레 누보(Beaujoilais Nouveau)가 샤또 마고(Chateau Maguax)보다 더 훌륭하게 느껴질 수도 있다. 비싼 와인만 추천하는 건 능력 있는 소믈리에가 할 일이 아니다. 추천을 의뢰한 사람을 성의껏 관찰하고 그에 맞는 와인을 골라 주는 것이 소믈리에가 할 일이다.

실제로 저렴한 가격에도 불구하고 최고의 품질을 자랑하는 와인도 많다. 일본의 한 소믈리에는 강연에서 이런 말을 했다.

"저희 레스토랑에서 판매되는 와인 중 70퍼센트는 뱅 드 뻬이(Vin de pay, 프랑스에서 가장 저렴하게 즐길 수 있는 등급 외 와인)입니다. 나머지는 AOC 와인이 30퍼센트 정도 됩니다. 그런데 저희 레스토랑의 뱅 드 뻬이는 결코 일반 AOC 와인(프랑스 정부에서 엄격한 절차에 의해 매겨 놓은 와인의 등급 체계. 고급 와인들이 이에 속한다.) 등급에 뒤지지 않습니다. 또한 저희는 가격이 세지 않으면서도 고객의 입맛을 만족시키는 훌륭한 와인을 많이 갖고 있습니다. 저는 그런 와인을 찾아내는 것이 바로 소믈리에의 능력이라 생각합니다."

고급 와인에만 연연할 것이 아니라 싼 가격에서도 얼마든지 좋은 와인을 고를 수 있다는 그의 생각에 나는 깊이 공감했다.

와인은 참 변덕스럽고 은밀한 매력을 지녔다. 수백, 수천 가지 향과 맛은 말할 것도 없고, 언제 누구와 어느 자리에서 마시느냐 따라 같은 와인이라도 전혀 다르게 느껴질 수 있다. 와인과 요리, 사람을 좋아하는 사람이라면, 호기심과 열정이 가득한 사람이라면 소믈리에라는 흥미로운 직업에 도전할 것을 권한다.

(구술 정리 : 최현주 KTX 매거진 수석 기자)

소믈리에가 되려면?

호텔 소믈리에 중에는 대학에서 관광학 계열을 전공한 사람들이 많다. 소믈리에에 관심 있는 중·고등학생이라면 관광학 관련 학과를 선택해도 좋다. 대학 진학을 고려하고 있지 않다면 실제 경력을 쌓는 것이 좋다. 정식 직원이 아니더라도 호텔이나 레스토랑에서 파트타임 아르바이트부터 시작해 와인 관련 행사에 참여하고 관련 업계 사람들을 만나기도 하며 스스로 공부하고 준비하는 것이다.

영어는 기본이다. 와인 자체가 외국에서 들어온 문화이다 보니 국내 런칭 행사엔 외국인들이 많다. 영어를 능수능란하게 구사할 수 있다면 그들과 특별한 인연을 쌓을 수 있어 소믈리에가 된 후에 큰 도움이 된다. 이는 호텔이나 레스토랑의 정식 소믈리에의 경우에도 마찬가지이다. 외국인 손님에게 와인을 안내하기 위해서 영어는 필수이다.

와인 교육 과정에는 건국대학교 산업대학원 미생물공학과 와인학 전공 석사 과정, 중앙대학교 산업교육원·경희대학교 관광학원·연세대학교 사회교육원 와인 아카데미 과정이 있다. 사설 교육 기관으로는 보르도 와인 아카데미, 더 와인 아카데미, 서울 와인 스쿨, WSET, 한국능률협회의 온라인 와인 강좌 등이 있다.

대학교 부설 와인 아카데미나 사설 와인 아카데미를 수료한다고 해서 바로 소믈리에가 되는 것은 아니다. 와인 교육 기관을 졸업한 후 호텔이나 레스토랑, 와인 바, 와인 숍, 와인 수입 업체 등에 취업해 경력을 쌓아야 한다.

참고로, 와인 수입 업체는 와인 교육 기관 출신을 선호한다. 와인에 대한 기본적인 지식이 필요하기 때문이다. 사설 교육 기관 중에는 졸업 후 취업을 알선해 주는 곳도 있으므로, 사전에 충분한 상담을 통해 자신에게 맞는 교육 기관을 찾는 것이 중요하다.

4장

요리사 정보 업그레이드

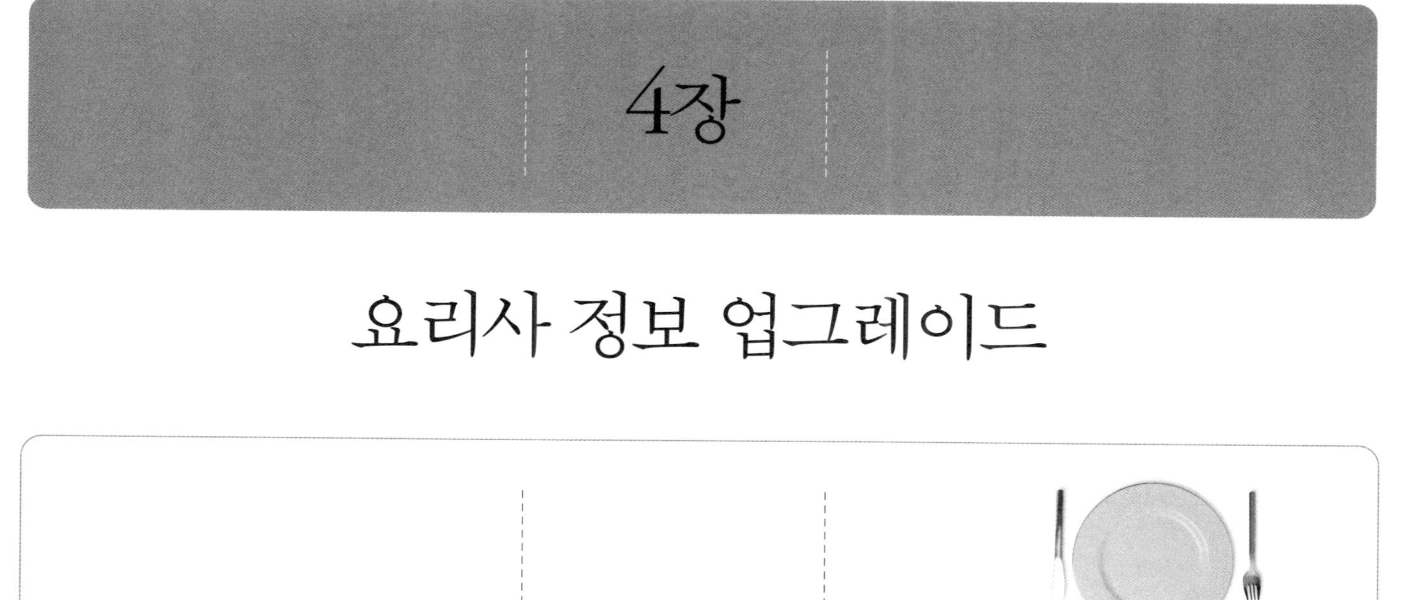

먼저 자신의 가능성을 확인하라

| 김광오 |

1968년생. 1994년 파리 르꼬르동블루에서 요리 과정과 포도주 양조학 과정을 수료했으며, 1995년 런던 르꼬르동블루에서 제과 과정을 수료했다. 1998년 이탈리아 ICIF요리학교를 수료했다. 현재는 신라호텔 조리팀 부주방장으로 일하면서 요리사랑(www.yorisarang.com) 대표 및 한국식공간연구학회 상임이사로 활동하고 있다. 가나 아트 스페이스에서 '식 그리고 무한대' 푸드 전시회를 열기도 했으며, 저서로 『테이블 코디네이트』, 『푸드 코디네이트』(공저), 『훌륭한 요리장의 생애』 등이 있다.

가방 2개에 모든 꿈을 싣고 난생처음 비행기에 올랐던 그때가 1993년 2월 1일이었다. 가슴이 얼마나 크게 뛰던지 혹시나 나의 쿵쾅거리는 심장 소리가 옆 좌석 동승자에게 들리지 않을까 걱정이 될 정도였다. 긴장 속의 16시간 비행. 나는 파리 공항에 내리기 직전까지도 과연 이 세상에 우리말이 아닌 프랑스어로만 통하는 나라가 과연 존재할까 싶었다. 드디어 착륙. 프랑스 땅에 첫발을 딛으며 나는 세상은 넓고 또 내가 아는 것이 전부가 아니라는 사실을 실감했다.

파리 공항에서 약 400킬로미터 정도 떨어진 쁘와띠에 대학(Poitiers Univercite)을 가이드 없이 혼자서 찾는 것이 내 첫 번째 숙제였다. 프랑스어라고는 "봉주르"(Bonjour)밖에 모르는 내가 서툰 영어와 손짓, 발짓을 섞어 물어물어 파리 역에 도착하여 겨우 열차에 올랐다. 잠깐

:: 프랑스 유학 시절 같이 프랑스어를 배우던 반 학생들과 함께.

스친 파리의 전경은 마치 영화의 한 장면 그대로였으며, 나는 그 속에서 주인공이 된 듯한 착각이 들기도 했다. 쁘와띠에 역에 도착하자마자 역 보관함에 짐을 넣어 두고, 무작정 한국 사람을 찾아 도움을 청했다. 우여곡절 끝에 어느 친절한 이의 도움으로 월 10만 원 정도의 셋방을 얻었다. 그때부터 나 자신과의 지독한 싸움이 시작되었다. 어학 연수 과정 동안 학교와 도서관, 식당을 오가는 것이 당시 내 생활의 전부였다. 그 도시에는 10명 정도의 한국인이 있었지만 전공 공부에 매여 있어 서로 자주 만나지 못했다. 또 도시가 너무 넓어 시내 한 번 나가기도 쉽지 않았다.

내가 어학 코스를 먼저 밟은 것은 프랑스 요리를 배우기 위해서였다. 그 나라의 요리를 배우려면 먼저 그 나라의 말부터 배우는 게 당연한 것 아닌가. 또 그들의 문화와 역사도 알아야 한다. 항상 서두르지 말자고 다짐, 또 다짐했지만 내겐 하루하루가 너무 길고 힘들었다. 그래도 어쩌랴, 그저 외우고 또 외우는 수밖에. 그러나 평소 숫기가 없고 쑥스러움을 많이 타는 성격이라 사람들에게 쉽게 말을 걸지 못해서 그런지 프랑스어가 쉬이 늘지 않았다. 고민 끝에 고안한 방법이 바로 하루 1시간씩 오락을 하는 것이었다. 동네에 작은 오락실이 하나 있었는데 그곳에는 꼬마들이 많이 있었다. 나는 오락을 핑계 삼아 그 애들과 친해지려고 노력했다. 열 살도 채 안 된 아이들이라 부담이 없어 그런지 아이들 앞에서는 서투른 프랑스어로 두려움 없이 이야기할 수 있었고, 그들 또한 내가 신기하게 생겼는지 재미있어 하며 잘 따랐다.

그렇게 한 달, 두 달이 지나자 나도 모르는 새 프랑스어 실력이 부쩍 늘어 있었다. 한 학기가 끝나고 두 번째 학기가 시작되었을 때에는 외국인 친구도 사귈 수 있었으며, 의사소통이 자유로운 만큼 생활도 좀 더 자유로워졌다.

르꼬르동블루에 입성하다

프랑스 요리를 배우러 왔으니 프랑스에 있는 동안에는 절대 한국 음식을 먹지 않겠다고 다짐했다. 하지만 사람의 입맛이란 참 묘해서 매콤한 김치와 구수한 된장찌개 생각으로 여러 날을 하얗게 새우기도 했다. 그러는 사이 시간은 흘렀고, 어학 연수 두 번째 학기가 끝날 때 즈음 지인의 소개로 시내의 한 레스토랑에서 실습을 할 기회를 얻었다. 정말 열심히 기쁜 마음으로 일했다. 요리사 출신인 사장의 신임도 두둑이 얻었다. 사장은 내가 좀 더 넓은 곳에서 더 많이 배워야 한다며 파리에서 공부하고 있는 그의 조카 집을 소개해 주었다. 그렇게 파리 닝

테르에 위치한 사장의 조카 집으로 갔다. 유학 생활 꼭 1년을 넘긴 시점이었다.

다시 돌아온 파리는 차갑고 분주했다. 낭만의 도시 파리를 여유로움보다는 분주함으로, 따스함보다는 차가움으로, 사랑보다는 고독으로 기억하는 이유는 내 경제 사정 때문이었다. 당장 일거리를 찾아 돈을 벌지 않으면 안 되는 형편이었다. 나는 여러 학교를 돌아다니며 요리 전공자를 찾았다. 그렇게 12명의 요리 전공자를 모았다. 그런 뒤에 한인 신문에 광고를 내고 모든 행사의 요리를 우리가 주관할 수 있다고 밝혔다. 크게는 대사관 행사에서부터 작게는 생일잔치, 단체 관광객의 도시락 등 할 수 있는 일은 너무나 많았다. 우리는 대사관 '한국의 날' 행사 음식을 주관했으며, 유명한 지역 행사인 '피치오스코프'에서 600명분의 음식 제공도 맡아서 했다. 우리 돈으로 한 개에 1만 원씩 하는 김밥 배달부터 1인당 40만 원씩 하는 고급 출장 요리까지 할 수 있는 건 뭐든지 했다.

그러면서 파리 요리 학교의 시스템과 정보, 장래성에 대해서도 많이 연구했다. 파리에는 프랑스 요리 자격인 CAP 과정의 국립학교와 전문 요리사 양성 과정인 르꼬르동블루, 바랜 학교, 리츠칼튼 학교 등이 있다. 르꼬르동블루는 한 학기(약 3개월) 등록금이 우리 돈으로 약 450만 원 정도였고, 바랜 학교와 리츠칼튼 학교의 경우 르꼬르동블루보다 등록금이 두 배나 높았다.

나는 고민할 것도 없이 오랫동안 꿈꾸어 왔던 르꼬르동블루(Paris Le Cordon Blue)에 등록했다. 유럽 한복판인 파리에 위치한 꿈의 요리 학교가 아닌가. 그렇게 나는 '요리를 잘하는 여자'라는 뜻이 있는 그 유명한 요리 학교의 학생이 되었다.

:: 100년 전 르꼬르동블루 수업 장면을 묘사한 그림.

르꼬르동블루 입학은 꿈의 시작일 뿐, 사실 그 뒤부터는 모든 게 고난의 연속이었다. 나는 시간을 벌기 위해 학교 옆으로 이사했고, 돈을 벌기 위해 밤을 꼬박 새워 일하기도 했다. 내가 그토록 꿈꾸어 왔던 곳이었기에 그 꿈을 실현하기 위해 견뎌야 할 고통은 아무래도 좋았다. 사실 꿈과 함께라면 어디라도 좋았다. 이곳의 학사 일정은 정말 엄격하다. 매일 치르는 요리 실기와 '칼같이' 나오는 점수. 한 달에 한 번 치르는 중간 시험, 학기 마지막에 치르는 파이널 시험 등 시험의 연속이다. 이렇게 빡빡한 학사 일정에 시달리다 보니 자연히 일을 덜 할 수밖에 없어 수입이 줄거나 일 때문에 수업을 포기해야 할 때도 있었다. 그러나 나는 단 1분도 요리 이외의 다른 생각을 한 적이 없다. 내가 멀리 프랑스로 간 것은 요리 때문이었다. 내게는 요리의 목적이 곧 유학이고 또 유학의 목적이 바로 요리였다.

학교 측에서도 나의 경제적인 어려움을 알고 있었다. 그 덕에 평소 친분이 있던 크리스천 교수의 추천으로 조교로 일할 수 있게 되었다.

:: 르꼬르동블루의 졸업식 모습.

영어와 프랑스어를 유창하게 하는 학생 중에서 선발되는 조교는 등록금 면제 혜택을 받는다. 내게는 더없이 좋은 기회였다.

'하려고 하는 자에게는 반드시 길이 생긴다. 실패하고 쓰러지는 데 수치심을 느낄 게 아니라 쓰러져서 일어나지 못할 때 수치심을 느껴야 한다.'

이때의 경험은 나에게 이런 생각을 품게 했다. 학교 측의 배려가 너무 고마웠던지라 나는 다른 조교들이 너무 늦게 끝나 기피하는 치즈 교실과 포도주 양조학 교실을 자청했다. 새벽부터 밤까지 계속되는 일과가 힘에 겨웠지만 마음은 한없이 기쁘고 행복했다. 나는 요리를 알게 되면서 르꼬르동블루를 알았으며, 르꼬르등블루에 다니면서 프랑스를 알게 되었다.

르꼬르동블루의 조리 과정을 마치고 실습을 나갔다. 퐁텐블로에 있는 훌륭한 레스토랑이었다. 그곳 사장이 우리 학교 수석 요리장이기도 한 테리앙 교수와 친구여서 나는 한 달에 90만 원 정도의 봉급도 받았다. 성공리에 실습을 마치고 나는 또다시 고생을 자처했다. 영국에 가려고 마음먹은 것이다. 런던에도 르꼬르동블루가 있어 가능했다. 한국을 떠날 때와 마찬가지로 나의 고행은 다시 시작되었다. 대사관의 도움으로 한인 교회에서 숙식을 해결했다. 마침 사모님이 임신 중이라 요리하는 사람이 필요했기 때문이다. 런던 르꼬르동블루에서 조교를 하며 제과 기초 과정을 마쳤다. 그때가 한국을 떠난 지 4년이 되는 해였다.

그 뒤 런던에 있는 클라리지스호텔 프랑스 식당에서 일을 하며 차근차근 귀국 준비를 했다. 우선 서울에 있는 큰 호텔들을 치밀하게 조사하고 각 호텔 조리부로 편지를 보내어 내 존재를 알렸으며 신라호텔 2차 전형 준비를 했다. (파리에 있을 당시, 나는 이미 1995년에 실시한 신라호텔 해외특차 1차 전형 합격을 통보 받았다.)

귀국 후 신라호텔에 입사했다. 내가 신라호텔에 입사한 것은 파리에서 만난 신라호텔 장기 연수생들의 영향이 컸다. 당시 신라호텔은 조리사 중 몇몇을 선발하여 해외 장기 연수를 보냈다. 당시로서는 매우 획기적이고 파격적인 연수 시스템이었다. 나는 그 점이 마음에 들었다. 이렇게 시대를 앞서 가는 곳이라면 마음껏 나의 날개를 펼 수 있으리라고 생각했다.

심사숙고한 후 떠나라!

4년여의 유학 생활을 한마디로 정리하라면 아마 '고생' 이라는 단어를 선택해야 할 것 같다. 유학 자체가 모험이니 만큼 스스로 더 큰 목표를 세워야 한다. 파리 유학 당시 그곳에는 열몇 명의 요리 전공 한국 유학생이 있었다. 그 중에는 간혹 돈이 많아 취미로 요리를 배우는 사람도 있었지만 대개는 나처럼 요리에 승부를 건 사람들이었다. 그들 모두가 힘들고 어렵게 공부하며 자신의 꿈을 실현하기 위해 애썼다. 과연 내일이 없다면 그렇게 '고생' 하며 공부할 수 있었을까?

우리나라에서는 수천만 원의 돈을 투자해 공부하면서까지 요리사의 길을 걸으려는 사람이 거의 없다. 판사, 변호사, 검사가 되기 위해 10년씩 공부하는 건 당연시해도 요리사가 되려고 오랜 기간 공부하는 것은 이상하게 생각하기도 한다. 남자가 부엌에만 들어가도 흉이 되었던 한국의 문화적 배경을 감안하면 이해 못할 것도 없지만 앞으로는 분명 전문인이 각광 받는 시대가 될 것이라고 나는 확신한다.

배가 고파서 끼니를 때우는 시대는 이미 끝났다. 국민 소득이 향상되면 될수록 사람들은 외식의 즐거움을 찾는다. 의학이 발달해 포만감을 준다든지 모든 영양소를 한 번에 제공하는 알약을 개발한다고 해도, 음식을 씹고 넘길 때의 작은 만족은 절대 모방할 수 없다. 과학이 발달해 1초에 수천 개의 통조림을 만들 수는 있어도, 손님 앞에서 각기 다른 취향의 미각을 섬세하게 고려해 신선한 음식을 만들어 내는 것은 조리사가 아닌 누구도 대신할 수 없다.

미국에서 발표한 '100년 뒤 100대 유망 직종 조사' 보고에 따르면, 조리 관련 직업 중에서는 유일하게 호텔 조리사가 그 안에 들어 있다고 한다. 선진국인 미국의 매스컴 프로그램 중 반 이상이 먹는 것과 관련되어 있다는 것만 보아도 음식을 다루는 조리사의 일은 무궁하고 무진하다. 그렇지만 누구나 진정한 조리사가 될 수는 없고, 또 되어서도 안 되다는 것이 내 생각이다. 흔히 원하는 학교 진학에 실패했거나 사업에 실패한 사람들이 "나도 요리나 배워 볼까?"라고 하는데 그때마다 나는 너무나 가슴이 아프다. 자기 직업에 자부심을 갖지 못하는 사람들이 어떻게 자기 요리에 긍지를 느낄 수 있겠는가.

유학을 하면서 나는 세상은 넓고 할 일 또한 많다는 것을 몸으로 깨달았다. 내가 속한 문화와 환경이 전부가 아니라는 사실도 알게 되었다. (유럽은 이미 국경의 개념이 희미해지고 문화가 뒤섞여 있었다.) 정말로 요리를 좋아하고, 이 길이 자신의 길이라고 생각하는 사람이에게만 고생길 가득한 유학을 권하고 싶다. 특히 요리는 문화의 반영이므로 서양 요리 전공자라면 본고장에서 배울 게 참 많을 것이다.

그러나 섣불리 결정하지는 말라고 조언하고 싶다. 한국에서 충분한 실무 경험을 쌓으며 유학에 대해 생각해도 늦지 않다. 유학을 다녀온다고 해서 모든 것이 해결되는 것이 아니기 때문이다. 또 유학을 다녀왔다고 해서 한국에서 쉽게 취업할 수 있는 것도 아니다. 그러니 한국의 조리업계에서 충분히 실습하고 경험하고 이 땅의 현실을 인지한 뒤 정녕 이 분야가 자신의 적성에 맞는지 충분히 검증해야 한다. 이곳에서 자신의 가능성을 확인하고 유학을 떠나도 늦지 않다. 치밀한 준비 없이 떠난 유학은 본인뿐 아니라 부모와 가족들에게도 엄청난 손실을 초래할 수 있다. 오랫동안 심사숙고하고 충분히 고려한 후 떠나라. 그래야 자신에게 도움이 되는 유학 생활을 누릴 수 있다.

요리사를 이해하는
네 가지 질문

| 이오성 |

1973년생. 2000년 월간 『말』 취재기자로 사회 생활을 시작해 『매일노동뉴스』를 거쳐 다시 『말』에서 일하고 있다. 맛있는 음식 먹기를 즐기지만 사실 미식가라기보다는 폭식가에 가깝다. "음식은 머리로 먹는 것"이라는 음식 평론가 황교익 씨의 말을 성경처럼 새기며 오늘도 맛있는 음식을 찾기 위해 머리를 굴리고 있다.

요리사들이 뜨고 있다. TV의 각종 요리 프로그램에서, 〈내 이름은 김삼순〉 같은 드라마에서, 『미스터 초밥왕』 같은 만화에서 요리사들이 맹활약하고 있다. 요리사가 청소년들이 선망하는 직업 중 하나라는 인터넷 통계도 있다. 이른바 '사' 자 돌림 직업 중 가장 홀대 받는다고 자책하던 건 이미 옛날이야기이다. 최근에는 수천만 원의 비용을 들여 가며 '르꼬르동블루'로 프랑스 유학을 떠나는 이들도 상당수이다. 바야흐로 요리사 시대라 해도 과언이 아니다.

요리사의 인기는 최근 10년간 유행처럼 번진 '식도락 열풍'과 무관하지 않다. 월드컵 열풍이 몰아친 뒤 유소년 축구가 인기를 끌었듯, 요리사가 직업으로서 인기를 끄는 건 우리 사회의 외식 문화와 궤를 같이하고 있다.

하지만 식도락가와 요리사의 차이는 자장면과 짬뽕의 차이보다 더 크다. 단순히 먹는 것과 만드는 것의 차이가 아니다. 생계의 수단으로, 인생을 건 선택으로서의 요리사는 그다지 멋있지도, 화려하지도 않다. 다만 묵묵히 그 길을 걸어온 장인들이 만든 요리가 화려하고 멋있는 것뿐이다. 맛집을 소개하는 TV 프로그램이 넘쳐나도, 정작 요리사의 삶과 문화에 대해서는 잘 알려져 있지 않다. TV에 출연한 요리사들은 그저 맛있는 요리를 만들어 "자, 한 번 드셔 보세요~" 하며 흐뭇한 미소를 지을 뿐.

지금부터 내가 이야기하는 요리사 문화가 곧 전부일 수도 없다. 내가 만난 요리사들 중엔 특급 호텔 출신의 '요리 명인'이 있는가 하면, 갖은 좌절과 포기 끝에 여러 차례 다른 일을 모색했다가 어쩔 수 없는 선택으로 요리사의 길을 걷고 있는 평범한 요리사도 있다. 때문에 이 글은 다만 하나의 짧은 인상기일 수도 있겠다.

왜 집에선 요리를 안 할까?

요리사들은 집에서 음식을 잘 하지 않는다. 개그맨들이 대체로 집에선 말수가 없다거나 가수들이 노래방에 잘 안 가는 것과 비슷한 맥락이다. 하지만 요리사들이 집에서 요리를 잘 하지 않는 것은 '하기 싫어서'라기보다는 남을 배려하는 측면이 크다. 무슨 말이냐고? 우리나라에선 여성이 가정에서 요리를 담당하는 경우가 많다. 다시 말해 가정 내 주방의 권한을 여성이 쥐고 있다. 그래서 남성 요리사들이 가정 요리에 나서는 것을 일종의 '월권'으로 여기는 경향도 조금 있다. 물론 이것은 남성 요리사들의 생각이다. 정확하게 말하면 집에서 요리를 하지 않는 요리사들은 거의 다 남성이다.

"아내는 나와 결혼하면 음식은 자기가 하지 않아도 된다고 생각했었나 봐요. 아마도 대부분의 여성들이 그런 기대를 할 겁니다. 하지만 내가 집에서 손가락 하나 까딱하지 않으니까 굉장히 스트레스를 받았던 것 같아요. 신혼 초기에 이 문제로 다툰 적도 여러 번이었습니다. 하지만 지금은 안 그래요. 오히려 내가 요리를 하려고 들면 귀찮게 하지 말고 내버려 두라는 경우가 더 많아요. 정작 우리 아이들은 내가 한 음식을 별로 못 먹었답니다. 재미있죠."

집에서 요리를 하기는커녕 이제는 주방에서 찬밥 취급을 당한다는 어느 요리사의 고백이다. 때론 "당신이 한 음식이 내가 한 것보다 훨씬 맛있어요."라고 아내에게 선의의 거짓말도 마다하지 않아야 한단다. 한식 요리사 한영용 씨는 "내가 집에서까지 요리를 하면 아내 입장에선 아이들로부터 엄마의 자리를 빼앗는 것이 되기 때문에 일부러 요리를 하지 않는다."고 말한다. 이상한 말이지만 요리사들은 요리를 하지 않음으로써 가정을 지키고 있다고나 할까?

모든 요리사가 그런 것은 아니다. 리츠칼튼호텔 총주방장 레모 베르두 씨는 집에서도 곧잘 앞치마를 두르는 요리사로 유명하다. 베르두 씨는 쉬는 날이면 어린 자녀들과 함께 가족을 위한 소박한 메뉴를 직접 만들어 먹는다. 호텔 총주방장인 아버지가 아니라 휴일날 유쾌하게 놀아 주는 '자상한 아빠'가 되는 것이다.

그러니 집에서 요리를 하지 않는 요리사들의 문화는 한국 특유의 문화인지도 모르겠다. 그러나 신세대들이 요리계에 진출하면서 이러한 문화도 점차 변하고 있는 듯하다. 젊은 요리사들은 다른 맞벌이 부부처럼 가사 노동을 분담한다고 말한다. 다른 점이 있다면 보통 남성들이 빨래나 청소를 맡아 하는 데 비해 요리사들은 음식 하는 것을 선택하는 경우가 많다고 한다.

왜 남자가 많을까?

요리는 거칠고 힘든 작업이다. 매일 수백 명 분량의 요리를 만들어야 하는 직업 요리사의 노동 강도는 매우 높다. 절대 노동 시간으로 따지면 하루의 절반 이상을 주방에서 보낸다. 점심과 저녁 사이에 2~3시간 짬이 나긴 하지만 초보 요리사에겐 그림의 떡일 뿐이다. 잠깐 숨을 돌린 뒤, 저녁 손님 맞을 채비를 해야 하기 때문이다. 체력이 약한 여성들에겐 이런 중노동이 버거울 수 있다. 사람들은 제과제빵사가 드라마 속의 삼순이처럼 '널널' 하니 여성에게 어울리겠다고 생각할지 모르지만 천만의 말씀이다. 제과제빵사는 다른 분야 요리사들이 혀를 내두를 만큼 긴 노동 시간으로 악명이 자자하다. 때문에 남성 요리사가 더 많은 것이다. 여성을 차별한다기보다는 요리사에게 강력한 체력이 요구되므로, 이 점에서 남성이 조금 더 유리한 측면이 있다.

외국이라고 해도 사정은 우리와 크게 다를 바 없다. 오히려 남성 편중이 더 심하다. 짐작컨대 날마다 무거운 고깃덩어리를 다뤄야 하는 양식 요리는 일찍부터 남성들이 두각을 나타냈을 것이다. 지난해 여름 백악관 역사상 최초로 여성 주방장이 탄생한 것이 미국 내에서도 엄청난 화젯거리가 됐을 정도이다. 그나마도 미국의 여성 요리사·레스토랑업 자협회가 로라 부시 여사(미국의 퍼스트 레이디)에게 서한을 보내는 등 '액션'을 취했기 때문이지만 말이다.

요리사 지망생 중에는 이 살인적인 노동 시간에 질려 중도 포기한 경우가 적지 않다. 호텔 등 대규모 업장에선 2교대 근무나 주 5일 근무가 정착되어 있지만 아직도 많은 업장에서는 그렇지 못하다. 휴일에 문을 닫는 오피스타운에서 근무하는 요리사들 외엔 주말에도 근무하는 경우가 대부분인 것도 노동 조건의 취약점이다. 식문화, 그 중에서도 밤의 술 문화가 발달한 우리나라의 특성상 이 같은 경향이 쉽사리 바뀌진 않을 것 같다. 다만 2010년부터 소규모 식당 등에서도 주 5일제 근무가 실시되므로 몇 년 뒤엔 다소나마 노동 조건이 나아지리라 기대하고 있다.

왜 말이 없을까?

요리사들은 말주변이 없다. 물론 사람에 따라 성격에 따라 차이는 있겠지만, 대체로 과묵하거나 '단답형'인 경우가 많다. TV에 나오는 몇몇 요리사들처럼 달변인 요리사는 정말이지 가뭄에 콩 나듯 드물다. 나 역시 취재를 하면서 요리사의 말문을 트기 위해 애를 많이 먹었다. 인터뷰를 해 보면 자신의 이력을 장황하게 설명하거나 레시피를 상세하게 설명해 주는 일도 거의 없다. "그냥 어쩌다 보니 이렇게 됐어요."라거나 "만들다 보면 저절로 알게 됩니다."라고 답하는 경우가 고작이다.

음식 평론가 황교익 씨가 이야기한 것처럼 요리사에게 말을 붙이는 건 생각보다 어렵다. 황교익 씨는 시골 마을의 맛있는 한식집 요리사에게 말을 붙이기 위해 오랜 시간 정성을 들였다고 한다. 대부분 나이 지

굿한 할머니 주방장에게 "이건 어떻게 만드는 거예요?"라고 물으면, "그딴 건 알아서 뭐하게?" 하고 쏘아붙이는 대답이 보통이었다니 얼마나 애를 먹었으랴. 거기에다 대고 "저는 음식을 평론하는 사람인데요…"라고 말을 건네 봐야 "뭐, 그런 일 하는 사람이 다 있담." 하고 면박을 받기 일쑤였단다. 그래서 자주 들러 얼굴 도장을 찍은 후에야 비로소 그 과묵한 입을 열었다고 한다.

요리사들은 왜 말수가 적을까. 아마도 좁은 주방에서 홀로 음식 만드는 데 온 마음을 쏟는 시간이 많았기 때문이리라. 더욱이 스승의 솜씨를 어깨너머로 훔쳐 배워야 했던 제자들에게 그런 과묵함이 대물림되면서 침묵이 습관처럼 굳어진 게 아닌가 싶다.

그런데 초밥을 만들며 직접 손님을 상대하는 일식 요리사들의 경우는 조금 다르다. 이들 요리사는 인상도 좋아야 하지만, 손님들의 대화에 개입할 줄도 알아야 하기 때문에 적절한 화술도 필요하다. 어느 호텔 일식집의 경우 주방 요리사 30여 명 가운데 초밥을 직접 서빙하는 요리사는 단 6명뿐이라고 했다. 이 6명은 화술에 능할 뿐만 아니라, 시사 문제 등에도 적당히 밝은 사람들로 선발된다. 상대하는 고객이 대다수 VIP급들인 까닭에 손님으로부터 들은 이야기를 한 귀로 흘리는 입단속도 필요하다.

요리사들의 직업병이라면 허리 질병이 으뜸이다. 거의 하루 종일 서서 일하는 만큼 허리와 관련된 이런저런 질환 한두 가지씩은 다 가지고 있다. 새내기 요리사들이 처음에 가장 힘들어하는 것 중 하나도 바로 '서 있는 것' 그 자체다. 특히 무거운 팬을 자유자재로 돌려야 하는 중식 요리사나 종일 손님들 앞에 서서 음식을 만들고 서빙하는 일식 요리사 중에는 허리 질환이 심각한 이들도 적지 않다. 만약 흉터도

질병이라면 요리사들은 남부러울 것 없는 중환자들이다. 날카로운 칼에 베거나 뜨거운 기름에 데는 일이 잦은 요리사의 손은 그야말로 흉터투성이다. 더러는 심각한 중상을 입고 수술을 받는 경우도 있다. 신비로운 것은 그런 '살벌'한 손끝에서 맛나고 예쁜 음식이 나온다는 것이다. 요리사의 손은, 그래서 '신의 손'이기도 하다.

왜 그렇게 엄격할까?

점점 유연해지고는 있다지만, 요리사 세계의 상하 관계는 여전히 엄격하다. '눈은 선배의 요리를 훔쳐 배우고, 코는 냄새를 맡고, 입은 모르는 것을 물으며, 귀는 선배의 이야길 들으라.'는 새내기 요리사를 위한 격언은 지금도 유효하다. 다만 과거에는 모르는 것을 물어볼 '입' 조차 열기 힘들었는데 지금은 그렇지 않다는 것이 나아진 것이라고나 할까.

요리사들이 상하 관계를 중시하는 건 '도제'로 이루어지는 기술 전수 방식에 기인한다. "며느리에게도 안 가르쳐 준다."는 그 '기술' 말이다. 청운의 꿈을 품고 요리를 배우러 온 새내기 요리사들은 음식점에 취직만 하면 그날부터 당장 요리를 배울 수 있을 것으로 착각한다. 그러나 한 달이 지나고 두 달이 지나고, 심지어 1년이 지나도록 주방 청소와 채소 써는 일만 시키는 곳이 허다하다. 마치 무술을 배우러 온 제자에게 무술의 달인인 스승이 3년 동안 내리 물만 긷게 하는 것처럼 말이다.

최첨단 시대에 왜 아직도 도제식 전통이 남아 있는 것일까. 언뜻 매우 불합리해 보이지만 나름대로 설득력 있는 이유가 있다. 단순한 이야기부터 해 보자. 동서양을 막론하고 요리의 기본은 '칼질'이다. 제아무리 좋은 대학에서 훌륭한 커리큘럼을 소화했다고 해도 새내기 요리사들은 칼질이 서툴게 마련이다. 칼질은 시간과 노력을 들이는 만큼 발전하는 기술이기 때문이다. 새내기들에게 하루 종일 채소 썰기와 깎기를 시키는 것은 이런 기본을 다지는 일이다.

요리는 말로 설명하기 어려운 복잡한 과정이다. 스승이 내는 '맛'을 이해한다는 것은 단순히 레시피를 흉내 내는 수준이 아니라 스승의 '미각'을 이해하는 것이다. 스승의 미각을 이해하려면 스승의 생활을 따라야 한다. 스승이 먹고 마시는 것을 따라하는 것은 물론이고 생활 습관까지 훔쳐 배워야 한다. 아주 작고 사소한 일상의 교육을 통해 세밀한 미각의 세계를 이해하는 것이다. "잠자는 시간, 밥 먹는 시간, 심지어 큰일 보는 시간까지도 스승과 맞춘다."는 말이 있을 정도이다.

지금은 이런 전통도 많이 사라지고 있는 추세이다. 청담동의 일식집 '시즌즈'의 요리사 남경표 씨는 후배들에게 자신의 기술을 거리낌 없이 공개한다. 신세대인 그는 주방에서 일하는 후배들에게 자신의 비법을 공개하고, 자신은 집에 들어가서 새로운 기술을 연마한다. 어쩌면 도제의 전통을 깬다기보다는 "따라올 테면 따라와 보라."는 자신감의 발로인지도 모르겠다. 요리사에게 가장 중요한 것은 미각이다. 때문에 미각을 발달시키기 위해 많은 노력을 한다. 담배를 피우지 않고 과음이나 과로도 피한다. 짜고 매운 음식도 자주 먹지 않는다. 이 모든 게 혀의 감각을 마비시키는 일이기 때문이다.

내가 만난 요리사 중엔 담배를 피우는 이들이 더러 있었는데, 이들은 담배를 입에 물 때마다 "요리사가 이러면 안 되는데…" 하며 멋쩍은 표정을 짓곤 했다. 하지만 어쩌랴? 담배 피우는 스승이 제자들에게 담배를 피우지 말라고 호통하면, 그 호통을 피해 숨어서 담배 피운 제자들도 제법 있었다니. 그 제자들이 지금 선배 요리사가 되어 후배들에게 담배 끊으라고 큰소리를 친다니. 더구나 미각 그 자체가 '무기'인 음식 평론가 중에도 '골초'들이 적지 않은 걸 보면, 확실히 맛에는 과학으로 설명되지 않는 무엇이 있는 모양이다.

예민한 미각을 유지하기 위한 요리사들의 노력은 눈물겹다. 하루 세 번 양치질을 할 때마다 '혀 마사지'를 해서 맛을 느끼는 혀의 돌기를 자극하기도 하고, 수시로 녹차를 마셔 입 안의 잡맛을 털어 내기도 한다. "배부른 요리사는 맛을 모른다."는 지론에 따라 늘 배고픈 상태에서 요리를 하는 '살신성인'(?)의 요리사도 있다.

맛집 순례부터 접시 수집까지

요리사들의 취미가 무엇인지 궁금하다면 그들이 휴일을 어떻게 보내는가 보면 된다. 요리사의 취미는 '요리사답게' 대체로 먹는 일과 관계된 것들이 많다. 이탈리아 요리사 심재호 씨는 새로운 이탈리아 요리를 찾아다니는 것으로도 모자라 시간만 나면 아예 이탈리아로 '식도락 원정'을 떠난다. 일식 요리사 김광래 씨는 휴일이면 다른 일식집을 들락거린다. 맛을 보고 괜찮다 싶으면 자존심이 상하는 것을 무릅쓰고 자신의 신분을 밝힌 뒤 한 수 가르쳐 달라고 조르기도 한단다.

한식 요리사 한영용 씨는 차와 다기에 조예가 깊다. 틈만 나면 인사동의 다기 전문점을 돌아다니거나 지방의 도예촌을 방문해 마음에 드는 다기를 수집한다. 이미 수집한 다기만 헤아려도 웬만한 다기 전문점에 맞먹는 규모이다. 2년 전엔 직접 우리 차와 한과 전문점인 '한상'을 열기도 했다. 이쯤 되면 취미의 단계는 훨씬 넘어선 것이다. 방송 푸드 코디네이터 임성희 씨도 식당에 갈 때마다 예쁘고 특이한 접시를 눈여겨본다. 마음에 드는 것은 접시 밑면을 보고 상표를 확인한 뒤, 나중에라도 꼭 사고야 만다. 직업병이라고 할 만하다.

취미라고 할 수는 없지만 요리사의 '칼 사랑'은 각별하다. 군인이 총기를 목숨처럼 아끼듯, 요리사는 칼을 '자식'처럼 아낀다. 특히 머리카락도 자를 수 있을 만큼 예리한 칼을 사용해야 하는 일식 요리사는 평소 칼 관리에 철저하기로 유명하다. 요즘엔 흔히 스테인리스 재질의 칼을 사용하지만, 베테랑 요리사들은 여전히 무쇠 칼을 숫돌에 갈아 사용하는 경우가 많다. 고참 요리사라 하더라도 칼 가는 것만큼은 후배들에게 맡기지 않고 본인이 직접 하는 경우가 많다. 칼이 잘 들어야 음식 재료의 세포막이 다치지 않고 고르게 썰어진다. 무딘 칼을 쓰면 고기나 회의 육즙이 터지고 만다. 그 결과는? '맛대가리 없는' 요리가 탄생하게 되는 것이다. 요리사들의 '카리스마'는 그야말로 '칼있스마'에 좌우되는 셈이다.

신세대 요리사들의 새 맛을 기대하며

요즘은 외국어 공부에 열을 올리는 요리사들이 많다. 일식 요리사는 일본어를, 이탈리아 요리사는 이탈리아어를, 프랑스 요리사는 프랑스어를 배운다. 외국 유학이나 연수를 염두에 두고 공부하는 사람도 있지만 그보다는 원서를 통해 본토 요리를 직접 배우기 위해서이다. 우리나라의 식문화도 이제 세계적인 수준이라고는 하지만, 외국 요리에 대해 본토 수준의 깊이와 내용을 담고 있는 책과 자료는 아직 많지 않기 때문이다.

요즘 신세대 요리사들은 확실히 뭔가 다르다. 공부도, 고민도 많이 한다. 최고의 요리사가 되고자 하는 욕심도 크다. "안 되면 식당이나 하지, 뭐." 하던 패배주의적인 선배의 전철을 밟지 않으려 애쓴다. 무엇보다 고무적인 것은 요리사라는 직업에 대한 자긍심이 대단하다는 것이다. 특히 안정된 타 직종에서 일하다 뒤늦게 청운의 꿈을 품은 이들의 경우 더욱 그러하다. 이들은 자식에게도 요리사라는 직업을 물려주겠노라고 당당히 말한다.

나는 이들 신세대 요리사들이 열어 갈 신세계가 자못 궁금하다. 세계의 유명 요리사들이 그렇듯 단지 요리를 하는 사람으로만 존재하지 않고 때로는 예술가로, 때로는 엔터테이너로, 때로는 사회 유명 인사로 빛나길 바란다. 그리하여 우리나라에도 삼대, 사대가 이어 가는 전통 있는 음식점들이 속속 생겨났으면 좋겠다. 그들에게 세상 무엇과도 바꿀 수 없는 '맛있는' 미래가 펼쳐지길 기대한다.

조리사,
아는 만큼 보인다

| 이형근 |

1969년생. 1988년 조리사에 입문해 코아호텔, 로얄호텔, 라마다 르네상스 등을 거쳐 현재 쉐라톤그랜드워커힐호텔 양식부 헤드 쿡(head cook) 및 푸드 코리아 서비스(Food Korea Service) 기획 팀장으로 일하고 있다. 초당대학교 조리과학부(2001)와 전주대학교 국제경영대학원(2005)을 졸업했다. 다음 카페 젊은 조리사들의 모임 대표 시삽 및 푸코 조리연구소 소장으로 활동하고 있으며 건양대학교 서양 조리 외래 강사로 출강하고 있다. 1999년 기능올림픽 요리 부문 등 다수의 요리 대회에 입상한 바 있다.

1. 요리사와 조리사의 차이점은 무엇입니까?

우리는 흔히 음식을 만드는 사람을 요리사라고 부릅니다. 문헌을 찾아봐도 거의 비슷하게 이야기할 겁니다. 제 생각은 이렇습니다. 먹을 수 있는 식재료를 이용해 음식으로 만들거나 만들어진 상태를 요리(料理)라고 하고, 이것을 만드는 사람을 요리사라고 합니다. 즉 집에서 음식을 만드시는 어머님들도 요리사라고 할 수 있겠죠. 그리고 조리(調理)란 식재료에서 음식이 만들어지는 과정까지를 말합니다. 즉 자격증을 가진 사람이나 거기에 준하는 사람이 만든다는 전문가적인 의미로, 음식을 만드는 모든 제반 사항을 포함한다고 할 수 있습니다.

위의 개념에 비추어 보면 수많은 재료를 혼합해 고유의 맛을 유지하거나 새로운 방법으로 독특한 맛을 창조하는 사람이라면, 요리사보다는 조리사라는 명칭이 더 정확한 표현이라고 할 수 있습니다. 더불어 조리사라는 말 속에는 자신이 요리한 작품에 생명력을 불어넣는 예술가적인 느낌이 포함되어 있습니다. 즉 조리사에게는 음식을 잘 만드는 것은 물론, 새로운 메뉴를 개발하거나 음식을 아름답게 장식하는 등의 창의성이 필요하다는 뜻입니다.

법적으로는 국가기술자격법에 의한 '○○ 조리기능사' 자격증을 취득한 후 시·도지사의 면허를 받은 자를 조리사라고 합니다. 자격 구분은 음식물의 유형에 따라 한식 조리기능사, 양식 조리기능사, 중식 조리기능사, 일식 조리기능사, 복어 조리기능사로 구분하고 있습니다.

한마디로 말해 조리란 식품에 물리적·화학적 조작을 가하여 합리적인 음식물로 만드는 과정, 즉 식품을 위생적으로 적합한 처리를 한 후 먹기 좋고 소화하기 쉽도록, 또한 맛있고 보기 좋게 만들어 식욕이 나도록 하는 과정을 말하며 그 업무를 전문적으로 담당하는 자를 '조리사'라고 합니다.

2. 조리사가 되려면 어떤 과정을 거쳐야 합니까?

어떻게 하면 조리사가 될 수 있는지, 어떤 과정을 거쳐야 하는지를 묻기 전에 먼저 자신이 왜 조리사가 되고자 하는지 반문하는 것이 먼저라고 생각합니다. 정말로 조리사가 되고 싶다면 어떤 호텔의 조리사가 될 것인지보다 어떤 조리사가 되고 싶은지를 신중하게 생각해 보기를 권합니다. 입시를 코앞에 둔 학생이 무엇을 위해 대학에 진학하느냐보다는 어느 대학, 어느 과 등 좀 더 구체적인 목표를 두는 것처럼 조리사 지망생 역시 무엇을 위해 조리사가 되고 싶은지 하는 것보다는 어떤 호텔에서 근무하고 싶다고 생각하는 경우가 많습니다만, 사실 마음가짐이 제일 중요한 것입니다. 현재 국내 특급 호텔의 내로라하는 주방장들이 최고의 자리에 오를 수 있었던 비결은 누구보다도 조리를 사랑하고 최선을 다했기 때문입니다. 그러니 조리사가 되고 싶은 초심을 지키며 노력할 때 좋은 조리사가 될 수 있을 것입니다.

조리사 교육 과정이나 경로는 다양합니다만 제일 무난한 방법은 조리 관련 대학에 진학해 대학 교육 과정에 맞추어 교육을 받는 것입니다. 1988년 서울 올림픽을 기점으로 전국 전문대학에서 조리학과를 개설하였고, 현재 100여 개의 전문대학과 20여 개의 4년제 대학에 조리 관련 학과가 개설되어 매년 2만 명에 달하는 졸업생을 배출하고 있습니다

3. 조리사의 종류에는 어떤 것이 있습니까?

음식의 유형에 따라 한식 조리, 양식 조리, 중식 조리, 일식 조리, 복어 조리, 제과제빵 분야로 나눌 수 있으며, 각 분야별로는 기능사, 기사, 기능장으로 나뉩니다. 최종적으로는 명장의 자격이 주어집니다.

4. 조리사 자격 시험에는 어떤 것이 있습니까?

조리기능사(조리사) 자격 시험은 한국산업인력관리공단에서 주최합니다. 원서는 연중 교부하며(공휴일 및 행사일 제외), 14개 지부 및 18개 지방사무소에서 우편과 인터넷으로 접수를 받고 있습니다. 정기 검정의 경우 접수 기간 3일 내에 원서를 제출하여야 하며 상시 검정은 수시로 접수가 가능합니다.

조리기능사 자격 시험은 필기 시험과 실기 시험으로 나뉘는데, 일단 필기 시험에 합격해야 실기 시험을 볼 자격이 주어집니다. 필기 시

험은 접수 지역별 시험장에서 시행되며, 시험 과목은 식품위생 및 법규, 식품학, 조리 이론과 원가 계산, 공중 보건 등으로 객관식 사지택일형 문제가 출제됩니다. 60분 시험 시간에 60문항이 주어지는데, 합격 기준은 100점 만점에 60점 이상이며 응시 자격 제한은 없습니다. 실기 시험은 필기 시험에 합격한 자에 한해 응시 자격이 주어집니다. 검정 방법은 실기 작업형(40~80분)이며, 합격 기준은 100점 만점에 60점 이상입니다. 보통 지급된 재료를 갖고 요구하는 작품(2가지)을 시험 시간 내에 1인분씩 만들어 내는 것으로 시험이 진행됩니다. 주요 평가는 위생 상태(개인 및 조리 과정), 조리의 기술(기구 취급 및 사용, 순서, 재료 성형 등), 작품 평가, 정리·정돈 및 청소 등입니다.

2004년 기준으로 양식 조리기능사 부문에 4만 4698명이 응시하여 1만 1591명이 합격했습니다. 합격률이 25.9퍼센트로 낮은 편입니다.

조리기능사 자격증을 취득한 후 응시하고자 하는 종목이 속하는 직무 분야에 1년 이상 실무에 종사한 자는 조리산업기사 자격증 시험에 응시할 수 있습니다. 기능사 자격을 가진 8년 이상의 경력자, 동일 분야에서 11년 이상의 근무 경력자, 전문대 또는 4년제 대학을 졸업한 7년 경력자, 조리산업기사 자격 취득 후 동일 직무 분야에서 6년 이상 경력자이면 기능장 자격 시험에 응시할 수 있습니다. 조리 명장 시험은 노동부가 주최하고 한국산업인력관리공단에서 주관하며 해마다 각 분야에서 20년 이상 근무한 종사자(기능장 자격 소지자)를 대상으로 직업 능력 촉진 대회를 거쳐 선발합니다. 현재 캐피탈호텔 한춘섭 이사와 JW메리어트 이상정 이사, 이렇게 두 사람이 조리 명장입니다.

더 자세한 사항을 알고 싶으면 한국산업인력관리공단 홈페이지에 방문해 보세요.

5. 조리사 자격증이 없으면 조리사가 될 수 없나요?

운전면허증이 없으면 운전을 할 수 없듯이 조리사 자격증이 없으면 조리사로 일하는 것이 어렵습니다. 일단 영업을 목적으로 한다면 조리사 면허증이 있어야 영업 허가가 떨어집니다. 현재 조리사의무고용제 법이 통과 중에 있으므로 요식업에 종사하려면 조리사 자격증 하나 정도는 필요하다고 봅니다.

6. 대학에서 조리 관련 전공 공부를 잘하기 위해 중·고교 시절에 특별히 뛰어나야 하는 과목이 있습니까?

조리 관련 전공은 인문계열이나 사회계열의 정통 학문을 다루는 학과와는 출발 자체가 다릅니다. 때문에 세분화된 기능과 이론적 배경을 바탕으로 직접 경험하지 않고는 숙달되지 않는 기술로 구성되어 있습니다. 때문에 특별히 이론적으로 잘해야 하는 과목보다는 미각이나 손재주, 색에 대한 미적 감각이 중요합니다. 대학 교육 역시 실습 비율이 높습니다.

7. 조리사가 되려면 손재주가 뛰어나고 미각이 예민해야 하나요? 단순히 '요리'만 좋아해서는 조리사가 되기 어렵나요?

요리만 좋아해도 조리사가 될 수 있습니다. 조리사의 손맛이나 입맛이 일반인들보다 뛰어난 것은 타고난 재주라기보다는 수백, 수천 번의 반복 학습으로 얻는 후천적인 능력이라고 생각합니다. 타고난 손재주가 없어도 열심히 노력하면 좋은 조리사가 될 수 있습니다. 능숙한 은행원이 돈의 액수를 가늠하는 능력이 뛰어나듯(정확하게 일정 액수의 지폐를 잡아 내지 않습니까.) 조리사도 자신의 분야에 영과 혼을 다

하면 기술은 얼마든지 익힐 수 있습니다. 뛰어난 손재주와 예민한 입맛을 선천적으로 타고난 사람이라면 상대적으로 유리하겠지만 제일 중요한 것은 역시 노력입니다.

개인적으로는 요리에 미쳐야 좋은 조리사가 될 수 있다고 생각합니다. 자신의 에너지를 120퍼센트 투입해야 성공할 수 있습니다. 한마디로 잘 때도, 깨어 있을 때도, 쉴 때도 요리를 생각해야 한다고 생각합니다.

8. 호텔 조리사로 입사하려면 어떤 과정을 거칩니까?

해당 교육 과정(전문대 이상 커리큘럼)을 이수한 후 수습 3개월, 실습 3개월을 거쳐서 정식 사원 시험 응시 자격이 주어집니다. 과거에는 아르바이트 1개월을 거친 후, 회사 자체 시험을 통해 정식 사원으로 채용하는 것이 관례였습니다만, 요즘은 수습 3개월 후 외부사업부에 정식 발령을 내고, 3년이 지난 후 본사 정식 사원 시험 응시 자격을 주는 곳도 있습니다.

대개 1차 서류 심사, 2차 인터뷰(영어)를 통과하면 3차 면접을 거쳐 최종 합격 여부가 결정됩니다. 지원 자격은 보통 2년제 대학 이상의 관련 학과 전공자입니다.

9. 조리사의 보수 및 대우, 작업 환경은 어떠합니까?

특급 호텔은 외식 업체 및 일반 음식점에 비해 후생 복지 및 급여 수준이 높은 편입니다. 회사에 따라 차이가 있습니다만 정식 직원이 아닌 아르바이트로 시작하면 월 70만 원 정도의 급여를 받습니다. 수련

기간이 끝나고 정직원으로 채용되면 연봉이 1400만 원 정도입니다. 회사에 따라 기타 수당(체력 단련비 연1회 20만 원 정도, 어학 능력 향상비 월 10만 원 정도, 초과 근무 수당, 각종 성과금, 외지 수당, 교통비 등)이 따로 지급되는 곳도 있습니다. 조리사 임금은 보통 연 몇 퍼센트 정도 인상됩니다. 주임급 조리사(경력 4~5년)의 경우 연봉은 2400~2600만 원 정도이고, 7년차 경력이면 2800만 원 정도입니다. 물론 조리 이사급 정도면 연봉 1억이 넘는 경우도 있습니다.

특급 호텔의 경우 개인 로커 시설, 샤워실, 수면실, 어학 능력 향상실, 세탁실, 운동 시설, 직원 식당 등 직원 관련 시설이 우수한 편이며 보통 주 5일 40시간 근무를 합니다. 다만 직업의 특수성 때문에 남들이 쉬는 주말에 쉬는 게 아니라 평일 휴무제를 실시하고 있으며 교대 근무를 합니다. 보통 오전 조는 7~15시까지, 오후 조는 12~22시까지, 야간 조는 17~2시까지, 새벽 조는 4 ~13시까지 근무합니다.

외식 업체 및 일반 음식점의 경우는 호텔에 비해 급여 및 복지 수준이 떨어지는 편입니다.

10. 전공, 학력, 성별에 따른 차별이 있습니까?

회사에서는 비전공자보다 전공자를, 신입보다는 경력자를 선호하는 편입니다. 조리와 관련된 전문적인 지식을 습득한 상태에서 업장에 투입되면 좀 더 빨리 적응할 수 있으며 재교육으로 인한 비용 손실이 없고 시행착오를 줄일 수 있기 때문입니다.

학력에 따른 차별은 존재합니다. 고졸자의 초봉이 1260만 원 정도라면 초대졸자의 초봉은 1400만 원 정도입니다. 경우에 따라 고졸자와 초대졸자의 초봉 차이가 200만 원 이상인 곳도 있습니다.

성차별이라기보다는 일의 특성상 성 차이가 있을 수 있습니다. 남성 조리사들은 보통 와일드하고 불을 다루는 핫 주방이나 부처 등에서 일하는 경우가 많고, 여성 조리사들은 보통 섬세함을 요구하는 콜드 주방이나 한식 찬 분야에서 일하는 경우가 많습니다.

참고로 조리사들이 일하는 공간에 대해 잠시 설명드리겠습니다. 조리사가 일하는 메인 주방은 크게 분류하면 핫 주방(hot production), 콜드 주방(cold kitchen), 부처 주방(butcher), 베이커리(bakery)로 나눌 수 있습니다. 핫 주방은 소스와 수프 등을 주로 만드는 곳입니다. 콜드 주방은 가드망제(garde manger)라고도 하는데, 핫 주방 가까운 곳에 있고, 식자재와 찬 음식을 공급하거나 요리 장식을 하는 곳입니다. 부처 주방은 육류나 가금류, 생선류 및 소시지 등을 가지고 작업하는 곳을 말합니다. 부처는 프랑스어로 고기를 잡는 사람을 뜻합니다. 마지막으로 베이커리는 보통 주방과 분리되어 있으며 빵, 과자, 케이크 등을 만듭니다.

11. 조리 관련 학과 전공자들이 해외 유학을 가는 경우가 많은 것 같습니다. 꼭 유학을 가야 하나요?

서양 요리 전공자들은 앞에서 이야기한 것처럼 본토인들의 필링(feeling)을 배우기 위해 유학을 갑니다. 현지의 특징적인 음식 맛과 배경, 문화를 습득하기 위해서이지요. 그러나 외국 유학이 조리사로 성공하는 지름길은 아닙니다. 국내 실정은 외국과는 많이 다르니까요. 외국에서 조리 전공 공부를 마친 정도의 수준이라면 국내에 들어와 주방장이 되기까지 아무리 짧아도 10년은 걸리지요.

유학을 선택했다면 그곳에서 공부를 마친 후 비자를 연장하여 현지에서 경력을 충분히 쌓아 거의 주방장 자리까지 오르는 것이 가장 빠른 길입니다. 혹 주방장이 되지 못했다 하더라도 현지에서 3년 정도의 경력을 쌓고 돌아오면 상대적으로 주방장이 되기 쉽습니다. 외국에서의 실무 경력은 많이 인정해 주는 편이기 때문입니다.

12. 각 대학 조리학과마다 수준 차이가 있는지요? 출신 학교에 따라 차별이 있습니까?

각 학교마다 커리큘럼의 특성이 있지만 출신 학교에 따른 차별은 별로 없는 듯합니다. 다만 같은 업장에서 일하는 선배들의 출신 학교에 따라 약간의 편의는 있을 수 있습니다.

13. 조리사의 직급은 어떻게 됩니까?

보통 호텔 조리사 조직에서 조리사의 직급은 주방장, 부주방장, 퍼스트 쿡(1st cook=head cook), 세컨드 쿡(2nd cook), 쿡 헬퍼(cook helper) 등으로 이루어져 있습니다.

주방장은 주방에서 가장 높은 직급으로 주방 기능이 원활히 협조되고 운영되도록 조절하는 주방의 총지휘자이자 책임자로 인원 관리, 매출 관리, 행정, 시설 유지 등을 책임집니다. 따라서 주방장은 주방 운영 사항을 기획하고 실행하며 평가하는 경영 감각이 뛰어나야 하며, 주방 인원의 업무를 적절히 분배하며 조화롭고 짜임새 있는 주방을 운영해야 합니다. 주방장의 주 업무는 ▷정기적인 메뉴 개발 ▷일일 식재료 구입 총괄 및 주문 ▷스페셜 요리, 계절 요리 등 신상품 개발 ▷정기적 시장 조사 ▷주방 운영 현황과 업무 진행 상태 검토 및 개선책 연구 ▷ 중·단기 계획 수립 ▷경쟁사 매출 및 신장률 점검 ▷효율적인 주방 관리 ▷매출 관리, 원가 관리, 위생 관리, 시설 관리 등입니다.

부주방장은 주방장을 보좌하고 현장에서 주방 인원을 감독하는 주방장을 대행하는 역할을 합니다. 때문에 기능적인 면, 실무적인 면에 강해야 합니다. 부주방장의 주 업무는 ▷완성된 요리 체크 ▷부서 간 유기적인 협조 도모 ▷주방 기기 및 기물 관리 ▷주방 창고 관리 ▷주방장 업무 보좌 ▷조리사들의 연장·휴일·야근 수당 등을 주방장에게 보고하는 등의 일을 합니다.

퍼스트 쿡(1st cook)은 조리장, 전문조리사 등으로 불리며 각 부서 조장으로서 요리 실무 면에서 탁월한 기능을 소지하고 업무 노하우를 가장 많이 알고 있는 조리사입니다. 퍼스트 쿡은 주방 운영의 중간 관리자로서, 주방 내 모든 제반 사항을 주방장에게 보고하는 1차 보고자이며, 주방장이나 부주방장의 유고나 부재 시 업무 대행 역할을 합니다. 퍼스트 쿡의 주 업무는 ▷조원의 업무 감독과 담당 부서 업무 총괄 ▷요리의 마지막 처리, 담당 기기 및 기물 유지 관리, 식재료 유지 및 감독 ▷주방의 운영 현황 및 업무 진행 상태 보고 ▷소모품, 식자재 등 선입과 선출에 입각한 원가 의식을 조리사에게 주입 ▷영업 준비 및 마감 마무리 ▷OJT(on-the-job training) 교육 및 현장 교육 훈련, 전날의 모든 업무 결과 분석과 토의 등입니다.

세컨드 쿡(2nd cook, 숙련 조리사)은 퍼스트 쿡을 보좌하며, 기능상 실무 경력이 풍부하여 일반 조리 업무를 지도하고 조리의 중요 업무를 수행하는 사람입니다. 보통 상사의 업무 지시에 따라 업무를 수행하며 부하 직원의 업무 확인, 체크 후 보고하는 것이 임무입니다. 주업무는 ▷담당 부서 보좌 및 관리 ▷식재료 파악과 필요한 식재료 신청 ▷담당 부서의 베이스 요리 준비 등입니다.

쿡 헬퍼(cook helper, 조리사 보조원)는 주방 청소 및 생식품 조리 준비 과정을 담당합니다. 쿡 헬퍼는 영양, 위생, 과학적인 조리 지식을 체계적으로 익혀 조리 분야에서 항상 선구자적인 역할을 해야 합니다. 주 업무는 ▷기초 식재료 수령 ▷주방 청결 상태 확인 등입니다.

14. 조리사가 갖추어야 할 자질로는 어떤 것이 있습니까?

무엇보다 마음가짐이 중요하다고 생각합니다. 먹는 사람들의 건강을 우선적으로 생각해야 하며, 지속적인 연구로 우리 전통 음식을 세계화하는 데 노력해야 합니다. 조리사 역시 서비스 직종이라고 할 수 있으므로 서비스 향상에 노력하고 고객 봉사 정신을 가져야 합니다. 또 개인의 창의력과 전문성을 키워 조리 문화 발전에 기여하고, 조리인의 전통과 명예를 유지하고 계승·발전시키면 더욱 좋겠지요.

무엇보다도 음식 맛은 정성이 70퍼센트라는 말을 가슴에 새기고 한약을 달이는 마음가짐으로 일하는 것이 제일 중요하다고 생각합니다. 또 직급이 올라갈수록 책임도 높아지므로 부하 직원을 잘 교육하고 지도하며, 적극적인 리더십도 필요합니다. 그 외에도 인건비 관리 능력, 작업 행정 능력, 설득력 있는 의견서 제출 능력을 갖추어야 합니다.

15. 한식, 중식, 일식, 양식 조리사에게 특별히 필요한 자질이 있습니까?

조리사로서 각 조리 분야별로 영양과 건강, 규칙, 금기 사항 등을 익히는 게 필요하겠지요. 또 해당 분야의 특징적인 음식 맛과 배경, 문화에 대한 이해가 요구됩니다. 예를 들어 한국 사람이 한국에서만 영어를 배우면 아무리 영어를 잘한다고 해도 그가 구사하는 영어가 본토 영어가 될 수는 없습니다. 이는 영어 문화권 사람들에게 배어 있는 필링(feeling)이 없기 때문입니다.

16. 한식, 중식, 일식, 양식 조리사 중 특별히 인기 있는 직종이 있습니까?

맛에는 5가지가 있습니다. 신맛, 쓴맛, 단맛, 짠맛, 매운맛이 그것인데요, 이러한 오미(五味)는 인간이 가장 기본적으로 느끼는 맛입니다. 그런데 사람마다 이 5가지 맛 중에서 유난히 좋아하는 맛은 각기 다릅니다.

이처럼 사람의 입맛이 다르듯이 어떤 분야를 선호하는지는 개인에 따라 다릅니다. 한식, 중식, 일식, 양식 중 어떤 분야를 선택하든 그 분야에 최선을 다하는 조리사가 되었으면 합니다. 후배들 중에는 자신이 뭘 해야 할지 몰라 한식 좀 하다가 중식 좀 하고, 일식 좀 하다가 다시 양식을 하는 한마디로 방황하는 사람도 있습니다. 이런 후배들에게 농담 삼아 "김 양식을 하든지 가두리 양식을 하든지 하나만 해라." 하고 충고하지요. 제 생각에는 한 분야를 신중하게 선택한 후 그 분야에서 베테랑이 되는 게 중요하다고 생각합니다. 부처 주방에서 소시지만 30년 동안 만드시는 대선배님도 계시거든요.

그래도 요즘 인기 있는 직종을 굳이 꼽자면 양식이나 일식이 선호되는 편입니다.

17. 만약 호텔 조리사로 입사하지 못하면 어떤 길이 있습니까?

많은 조리 관련 졸업생 중 자신이 원하는 호텔에 취업하는 경우는 소수에 불과합니다. 조리 관련 대학이 1988년 10개 안팎이었던 것이 15년 사이에 100여 개로 급증하여, 조리 관련 학과 졸업생들은 양적으로 크게 증가한 데 비해 호텔 수요는 거의 한정되어 있기 때문입니다.

호텔에 입사하지 못하면 전문 식당이나 외식 업체 등에서 조리사로 일할 수 있습니다. 그러나 특급 호텔에 비해 후생 복지와 급여 수준이 낮습니다. 또 푸드 스타일리스트 및 푸드 코디네이터로 활동하거나 요리 학원, 식품 회사, 식약청, 국공립연구소 등에 취업하는 경우도 있습니다.

조리 관련 학과 졸업생들은 사회 진출을 위한 전문 지식 습득을 위해 대학에 진학한 것이므로, 조리와 관련된 모든 분야를 면밀히 검토하고 이를 토대로 취업 정보를 자주 접하는 게 좋습니다.

18. 일반 음식점 조리사로 일하는 경우 호텔 근무에 비해 어떤 장점과 단점이 있습니까?

일반 음식점은 소량 생산, 소량 판매이기 때문에 식자재 구매도 불편한 편이고 조리 도구 등도 불편한 경우가 많습니다. 예를 들어 호텔에서는 야채나 육류를 썰거나 자를 때 슬라이서를 자동으로 설정해 놓고 절단하지만, 일반 음식점의 경우 조리사들이 일일이 손으로 썰어야 하기 때문에 일의 능률이 떨어지는 편입니다. 하지만 일반 음식점에서 근무할 경우 선배 조리사에게 맨투맨으로, 빠른 시간 내에, 전문적으로 배울 수 있다는 것이 큰 장점입니다. 호텔처럼 큰 업장의 경우에는 자신이 속한 분야밖에 배우지 못하는 경우가 많지요.

19. 조리사로 일하다가 독립하여 개업(창업)을 하기도 하나요?

요즘은 창업보다는 수성(守成)이 중요하기 때문에 창업을 염두에 두는 사람이 많지 않을 걸로 생각합니다. 그러나 한 분야에서 열심히 일하면서 어느 정도 자신감이 생기면 창업에 도전해 볼만 하죠. 대형

외식 업체에서 일한 경험이 있다면 소자본으로 틈새시장을 노려 보는 것도 괜찮다고 생각합니다.

그러나 어설프게 창업을 하면 성공하기가 어렵습니다. 슈퍼마켓을 열 때에도 바닥 청소부터 물건 배열, 카운터 등을 거쳐서 거래처 관리까지를 배운 후 창업을 하듯이 요식업도 마찬가지입니다. 기본부터 차근차근 밟으며 착실히 배워서 창업을 해야 실패율이 적습니다.

20. 조리사도 정년이 있나요? 보통 조리사는 언제까지 일합니까?

공무원처럼 정년이 정해진 것은 아닙니다. 보통 조리사로 일할 수 있는 나이는 20~50대라고 생각하면 됩니다. 조리사로 활동하다 개인 사업을 하거나 다른 분야로 진출하는 분들도 많습니다. 호텔 조리사의 경우 보통 55세가 정년이고 조리 이사(임원급)는 2년 연임제입니다.

21. 조리사로서 노동 강도는 어느 정도입니까?

처음에는 일하는 것 자체보다 서 있는 것이 더 힘들게 느껴집니다. 8시간 근무 내내 서서 일을 해야 하니까요. 뜨거운 불 앞에서 칼을 가지고 작업하기 때문에 항상 긴장의 연속입니다. 일을 하다 보면 요리 재료 등 무거운 것을 많이 들어야 하기 때문에 허리를 다치지 않게 조심해야 합니다. 또 항상 서서 일하는 직업이다 보니 무릎 관절이 약해지지 않도록 신경 써야 합니다.

아침에 출근해서 저녁에 퇴근하는 규칙적인 근무가 아니라 2교대 혹은 3교대 근무이고, 육체적인 노동 강도는 높은 편입니다.

:: 조리사는 끊임없는 레시피 개발에도 힘써야 한다.

22. 레시피 개발은 어떻게 하나요?

사회적인 변화는 시간을 앞질러 가고 있으며 국경을 초월하여 새로운 하나의 지구촌이 형성되고 있습니다. 이제 문화는 국가별로 형성되어 있는 게 아니라 모든 세계인의 공유물이 되고 있습니다. 퓨전 푸드(fusion food), 웰빙 푸드(well-being food) 등 불과 몇 년 전만 해도 들어 보지 못한 요리 용어들이 새로 생겨나는 것만 봐도 미래의 조리 문화에 많은 변화가 있을 것이 짐작됩니다. 메뉴 개발은 기존에 있던 기본 메뉴에 특정한 재료 및 조리 방법을 더하거나 빼서 새로운 맛을 창조하는 방식으로 이루어지는 것이 기본이며, 사회 및 문화 트렌드에 발맞추어 건강 요리, 웰빙 요리 등의 레시피 개발이 많이 이루어지고 있습니다. 요즘은 인터넷을 통해 시간과 비용을 절감하면서 많은 양의 정보와 다양한 요리를 체험할 수 있습니다.

23. 조리사의 문화는 어떠한지요? 상하 관계가 명확하고 선후배 사이도 엄격하다고 들었는데 맞는지요?

조리사는 불과 칼을 다루므로 항상 안전사고에 유의해야 합니다. 때문에 타 조직에 비해서 상하 관계 및 선후배 관계가 엄격해 보일 수 있습니다. 그러나 맛있고 아름다운 요리를 만들기 위해 인터넷 등 사이버 공간을 통해 조리법이나 정보를 공유하기도 하고, 정기적으로 외식 업체를 탐방하며 맛과 위생 등에 대한 평가와 여론 조성을 하기도 합니다. 이런 동호회 혹은 모임에 참여하는 조리사들에게는 음식과 조리에 관한 편견도 없고 남녀의 차이도 없습니다.

음식에 얽힌 조리사의 행위는 인간의 삶 자체입니다. 음식을 먹고 마시는 인간의 행위 속에는 너무나 인간적이면서 동시에 너무나 문화적인 표현들이 가득합니다. 이 문화 자체가 조리사들의 문화라 해도 과언이 아닙니다.

24. 조리사로서 어떤 때 제일 힘듭니까?

조리사 업무에서 힘든 일이 많지만 일 그 자체보다는 정신적인 스트레스가 많은 편입니다. 육체적인 고달픔은 얼마든지 감수할 수 있지만, 손님들이 음식에 대해 불평불만을 늘어놓을 때 참 힘듭니다. 차를 만들고 집을 짓는 직업이라면, 적어도 1년 혹은 2년 후에 평가를 받지만 요리는 만든 지 3분 후면 바로 평가가 되기 때문에 정신적으로 매우 힘든 편이지요. 또 어느 조직이나 마찬가지이겠지만 상하 관계에 얽힌 대립이나 갈등도 있습니다.

개인적으로는 일하면서 학업을 병행했을 때, 즉 야간 대학에 다닐 때와 대학원 논문 준비를 할 때 가장 힘들었습니다. 그리고 지방 요리

기능 대회에 출전해 좋은 성적으로 입상도 했고 나름대로는 스스로의
실력에 자신이 있었음에도, 전국 요리 기능 대회에 출전해 결과가 나빴
을 때는 내 자신이 너무나 초라하게 느껴져서 심한 슬럼프에 빠지기도
했습니다. 물론 더욱 분발하고 노력해서 슬럼프를 잘 극복했지요.

25. 조리사로서 가장 보람 있을 때는 언제인가요?

대부분의 조리사들은 손님들이 음식을 드신 후 맛있다고 평가할 때
최고로 기분이 좋고 보람을 느낍니다. 또 자신이 개발한 메뉴에 대한
손님들의 반응이 좋아 스타 푸드가 되고 많이 팔릴 때(우리끼리 '매상
극대화' 라고 표현합니다) 보람을 느낍니다.

26. 조리사의 직업 전망은 어떠합니까?

최근 외식 산업과 호텔 산업의 발전으로 전문적인 기능과 관리 능
력을 겸비한 인재를 더욱더 많이 필요로 합니다. 따라서 조리사의 미래
는 밝다고 생각합니다. 또 외식 사업체, 호텔 식음료 부분, 식품 연구
소, 외식 사업 관련 컨설팅 회사, 조리 기능 교사, 조리 관련 실업계
고등학교 교사, 직업훈련 조리 관련 강사, 단체급식 업체 등 다양한 분
야로의 진출이 가능하므로 도전할 만한 가치가 있다고 생각됩니다.

전국 조리 관련 대학 및 학과 일람표

지역	구분	대학명/학부명	주소/홈페이지	전화번호
강원	2년제	**강릉 영동대학**	강원 강릉시 성산면 금산리 11	033)610-0114
		호텔조리과	www.yeongdong.ac.kr	
		강원관광대학	강원 태백시 황지동 439	033)550-6114
		관광호텔조리계열 호텔조리전공	www.kt.ac.kr	
		관광호텔조리계열 제과제빵전공		
		관광호텔조리계열 퓨전요리전공		
		관광호텔조리계열 푸드코디네이터 전공		
		동우대학	강원 속초시 노학동 산 244	033)632-6551~5
		조리제빵계열 호텔조리과	www.duc.ac.kr	
		조리제빵계열 호텔제과제빵과		
		세경대학	강원 영월군 영월읍 하송리 산 57	033)371-3000~8
		호텔외식조리과	www.saekyung-c.ac.kr	
		한림성심대학	강원 춘천시 동면 장학리 790	033)240-9000
		바이오식품과	www.hsc.ac.kr	
		식품영양과		
		관광외식조리과		
		호텔외식경영과		
	4년제	**경동대학교**	강원 속초시 속초우체국 사서함 제57호	033)631-2000
		관광학부 외식사업경영학전공	www.kyungdong.ac.kr	
		관동대학교	강원 강릉시 내곡동 522	033)641-1011
		호텔관광학부 호텔외식조리학전공	www.kwandong.ac.kr	
경기	2년제	**한중대학교**	강원 동해시 지흥동 산 119	033)520-9000~14
		오리엔탈웰빙학부 외식조리학 전공관광외식학과	www.hanzhong.ac.kr	

지역	구분	대학명/학부명	주소/홈페이지	전화번호
		경민대학	경기 의정부시 가능3동 562-1	031)828-7061~8
		관광호텔학부 외식호텔경영전공	www.kyungmin.ac.kr	
		관광호텔학부 호텔조리전공		
		김포대학	경기 김포시 월곶면 포내리 산 14-1	031)999-4114
		경영관광학부 호텔조리과	www.kimpo.ac.kr	
		경영관광학부 호텔외식경영학과		
		대림대학	경기 안양시 동안구 비산동 526-7	031)467-4700
		호텔관광외식계열 호텔외식조리전공	www.daelim.ac.kr	
		동서울대학	경기 성남시 수정구 복정동 423	031)720-2903
		관광정보처리학부 호텔외식조리정보전공	www.dsc.ac.kr	
		신흥대학	경기 의정부시 호원동 117	031)870-3114
		호텔관광경영계열 호텔조리전공	www.shc.ac.kr	
		안산공과대학	경기 안산시 단원구 초지동 671	031)490-6000
		관광호텔외식계열 호텔외식산업전공	www.ansantc.ac.kr	
		호텔조리식품계열 응용식품전공		
		호텔조리식품계열 호텔조리전공		
		오산대학	경기 오산시 청학동 17	031)370-2500
		호텔조리계열 동양조리전공	www.osan.ac.kr	
		호텔조리계열 서양조리전공		
		한국관광대학	경기 이천시 신둔면 고척리 26-5	031)644-1000
		외식산업과	www.ktc.ac.kr	
		호텔조리과		
		제과제빵과		
	3년제	**서울보건대학**	경기 성남시 수정구 양지동 212	031)740-7114
		조리예술과	www.shjc.ac.kr	
		식품영양과		
		수원여대	경기 화성시 봉담읍 상기리 336-27	031)290-8000
		식품과학부 식품영양과	www.suwon-c.ac.kr	
		식품과학부 식품조리과		
		식품과학부 제과제빵과		

지역	구분	대학명/학부명	주소/홈페이지	전화번호
		식품과학부 외식산업과		
		신흥대학	경기 의정부시 호원동 117	031)870-3114
		식품영양과	www.shc.ac.kr	
	4년제	**경기대학교**	경기 수원시 영통구 이의동 산 94-6	031)249-9114
		관광학부 외식조리학전공	www.kyonggi.ac.kr	
		안양과학대학	경기 안양시 만안구 안양3동 산 39-1	031)441-1100
		호텔조리영양학부 식품영양전공	www.ianyang.ac.kr	
		호텔조리영양학부 호텔조리전공		
		한경대학교	경기 안성시 석정동 67	031)670-5114
		영양조리과학과	www.hankyong.ac.kr	
경남	2년제	**남해전문대학**	경남 남해군 남해읍 남변리 195	055)860-5200
		호텔조리제빵과	www.namhae.ac.kr	
		마산대학	경남 마산시 내서읍 용담리 100	055)230-1212
		식품과학부 호텔조리전공	www.masan-c.ac.kr	
		식품과학부 식품영양전공		
		식품과학부 호텔제과제빵전공		
		국제소믈리에과		
		양산대학	경남 양산시 명곡동 922-2	055)370-8100
		호텔조리계열 호텔조리과	www.yangsan.ac.kr	
		호텔조리계열 호텔식품제과 제빵전공		
		호텔조리계열 약선조리전공		
		호텔조리계열 푸드스타일리스트전공		
		호텔조리계열 일식조리전공		
		창신대학	경남 마산시 합성2동 1	055)250-3001-9
		식품영양과	www.csc.ac.kr	
		호텔조리제빵과		
		창원전문대학	경남 창원시 두대동 196	055)279-5114
		식품과학 식품조리과	www.changwon-c.ac.kr	
		식품과학 호텔제과제빵과		
		식품과학 식품영양과		

지역	구분	대학명/학부명	주소/홈페이지	전화번호
	4년제	가야대학교	경남 김해시 삼계동 60	055)330-1000
		호텔조리영양학과	www.kaya.ac.kr	
		진주국제대학교	경남 진주시 문산읍 상문리 산 270	055)751-8114
		식품과학부	www.jiu.ac.kr	
경북	2년제	경동정보대학	경북 경산시 하양읍 부호리 224-1	053)850-8000
		식음료조리과	kdtc.ac.kr	
		경북과학대학	경북 칠곡군 기산면 봉산리 159	054-979-9001
		호텔외식계열 호텔외식조리전공	www.kbcs.ac.kr	
		경북외국어테크노대학	경북 경산시 남천면 협석리 220-1	053)810-0100
		호텔조리제빵과	www.kflc.ac.kr	
		경북전문대학	경북 영주시 휴천2동 630	054)630-5114
		식품기공조리과	www.kbc.ac.kr	
		대경대학	경북 경산시 자인면 단북리 24	053)850-1000
		호텔조리학부 세계호텔전공(프랑스,이탈리아)	www.tk.ac.kr	
		호텔조리학부 와인마스터전공		
		호텔조리학부 호텔조리전공(일본,중국,궁중)		
		호텔조리학부 호텔외식전공		
		호텔조리학부 호텔제과제빵전공		
		호텔조리학부 푸드스타일리스트전공		
		대구미래대학	경북 경산시 미래길 13 (평산동 27)	053)810-9200
		호텔조리과	www.dmc.ac.kr	
		제과데커레이션과		
		문경대학	경북 문경시 호계면 별암리 산 6	054)559-1114
		호텔외식조리과	www.mkc.ac.kr	
		성덕대학	경북 영천시 신녕면 화남리 1135-5	054)330-8800~4
		호텔외식조리과	www.sd-c.ac.kr	
		안동과학대학	경북 안동시 서후면 교리 496	054)852-9901~4
		식품계열 식품영양전공	www.andong-c.ac.kr	
		식품계열 호텔외식조리제빵전공		
		가톨릭상지대학	경북 안동시 율세동 393	054)857-9101

지역	구분	대학명/학부명	주소/홈페이지	전화번호
		호텔조리영양계열	www.csangji.ac.kr	
		포항1대학	경북 포항시 북구 흥해읍 죽천동 55	054)251-8000
		호텔조리영양계열	www.pohang.ac.kr	
		다이어트과학계열 호텔조리제빵전공		
	3년제	**김천대학**	경북 김천시 삼락동 754	054)420-4000
		호텔조리과	www.gimcheon.ac.kr	
		호텔제과제빵과		
		식품영양과		
		서라벌대학	경북 경주시 충효동 165	054)770-3500
		관광호텔조리과	home.sorabol.ac.kr	
광주	2년제	**서강정보대학**	광주 북구 운암동 789-1	062)523-0091~5
		호텔조리학부 호텔조리전공	www.seokang.ac.kr	
		호텔조리학부 호텔제과제빵전공		
		식품영양과		
		송원대학	광주 서구 광천동 199-1	062)360-5700
		호텔조리영양계열 식품영양과	www.songwon.ac.kr	
		호텔조리영양계열 호텔조리과		
		조선이공대학	광주 동구 서석동 290	062)230-8114
		식품영양조리과학과	www.chosun-c.ac.kr	
	4년제	**광주여자대학교**	광주 광산구 산정동 16-5	062)956-2500
		자연예체능대학 케이터링학과	www.kwu.ac.kr	
		호남대학교	광주 광산구 서봉동 59-1	062)940-5114
		환경이공대학 조리과학과	www.honam.ac.kr	
대구	2년제	**대구공업대학**	대구 달서구 본동 831	053)527-0501~5
		식음료조리학부	www.ttc.ac.kr	
		호텔영양학부		
		대구보건대학	대구 북구 태전동 산 7	053)320-1300
		호텔조리음료계열 호텔조리전공	www.dhc.ac.kr	
		호텔조리음료계열 호텔제과제빵전공		
		호텔조리음료계열 호텔와인커피전공		

지역	구분	대학명/학부명	주소/홈페이지	전화번호
		호텔조리음료계열 식음료전공		
		대구산업정보대학	대구 수성구 만촌3동 산 395	054)749-7000
		호텔조리계열 조리전공	www.tpic.ac.kr	
		호텔조리계열 외식메뉴전공		
		호텔조리계열 푸드스타일링전공		
		영남이공대학	대구 남구로 현충로274(대명7동 1737)	053)650-9114
		식음료조리계열 식품영양전공	www.ync.ac.kr	
		식음료조리계열 조리전공		
대전	2년제	**대전보건대학**	대전 동구 가양2동 77-3	042)670-9000
		식품영양과	www.hit.ac.kr	
		전통조리과		
		우송공업대학	대전 동구 자양동 155-3	042)629-6600
		식품과학계열 푸드코디네이트전공	www.woosongtech.ac.kr	
		식품과학계열 호텔제과제빵전공		
		식품과학계열 바이오푸드전공		
		식품과학계열 식품영양전공		
		우송정보대학	대전 동구 자양동 226	042)629-6114
		외식조리계열 외식조리전공	www.woosonginfo.ac.kr	
		외식조리계열 제과제빵전공		
		식품영양과		
	4년제	**배재대학교**	대전 서구 연자1길 14	042)520-5114
		외식급식경영학과	www.pcu.ac.kr	
		우송대학교	대전 동구 자양동 17-2	042)630-6900
		외식조리학과	www.woosong.ac.kr	
		외식조리유학과		
부산	2년제	**경남정보대학**	부산 사상구 주례2동 167	051)324-5555
		생활산업부 식품과학계열	www.kit.ac.kr	
		호텔관광레저학부 호텔외식조리과		
		동부산대학	부산 해운대구 반송2동 640-5	051)542-8891
		식품영양과	www.dpc.ac.kr	

지역	구분	대학명/학부명	주소/홈페이지	전화번호
		호텔외식조리과		
		호텔푸드코디네이터과		
		부산여자대학	부산 진구 양정동 74	051)852-0081~5
		호텔푸드코디네이터과	www.pwc.ac.kr	
		호텔조리과		
		제과제빵과		
		부산정보대학	부산 북구 구포3동 산 48-6	051)334-6666~70
		호텔조리과	www.bit.ac.kr	
	4년제	**동명대학교**	부산 남구 용당동 535	051) 610 - 8000
		식품공학과	www.tu.ac.kr	
		영산대학교	부산 해운대구 반송동 249	051)540-7000
		조리학부	www.ysu.ac.kr	
서울	2년제	**배화여자대학**	서울 종로구 필운동 12	02)3990-700
		전통조리과	www.baewha.ac.kr	
		식품영양학과		
	4년제	**경희대학교**	서울 동대문구 회기동 1	02)961-0114
		외식산업학과	www.kyunghee.ac.kr	
		조리과학과		
		생활과학대학 식품영양학과		
		상명대학교	서울 종로구 홍지동 7	02)2287-5114
		생활환경부 외식영양학과	www.smu.ac.kr	
		세종대학교	서울 광진구 군자동 98	02)3408-3114
		호텔관광경영학부 조리외식경영전공	www.sejong.ac.kr	
울산	2년제	**울산과학대학**	울산 동구 화정동 산 160-1	052)230-0500
		호텔조리과	www.uc.ac.kr	
전남	2년제	**나주대학**	전남 나주시 다시면 복암리 837-8	061)330-7400
		호텔조리제빵학부 호텔조리전공	www.naju.ac.kr	
		호텔조리제빵학부 제과제빵전공		
		호텔조리제빵학부 커피바리스타전공		
		담양대학	전남 담양군 담양읍 향교리 262	061)381-0585~6

지역	구분	대학명/학부명	주소/홈페이지	전화번호
		호텔조리제빵학부		
		성화대학	전남 강진군 성전면 월평리 224	061)430-5000
		호텔조리제빵전공	www.sunghwa.ac.kr	
		식품영양전공		
		순천제일대학	전남 순천시 덕월동 산 9-3	061)740-2000~3
		식생활과	www.suncheon.ac.kr	
		순천청암대학	전남 순천시 덕월동 224-9	061)740-7100~4
		관광호텔조리과	www.scjc.ac.kr	
		호텔외식산업과		
		전남과학대학	전남 곡성군 옥과면 옥과리 285	061)360-5000~9
		국제관광계열 호텔칵테일과	www.chunnam-c.ac.kr	
		국제관광계열 호텔조리과		
		국제관광계열 김치발효과		
	4년제	**순천대학교**	전남 순천시 매곡동 315	061)750-3114
		식품과학부 식품공학전공	www.sunchon.ac.kr	
		식품과학부 식품영양학전공		
		식품과학부 조리과학전공		
		초당대학교	전남 무안군 무안읍 성남리 419	061)453-4960~2
		자연공학계열 조리과학부	www.chodang.ac.kr	
전북	2년제	**군장대학**	전북 군산시 성산면 도암리 608-8	063)450-8114
		호텔외식조리계열	www.kunjang.ac.kr	
		서해대학	전북 군산시 오릉동 832-1	063)460-9114
		호텔조리학과	www.sohae.ac.kr	
		전북과학대학	전북 정읍시 시기3동 산 9-28	063)530-9114
		호텔조리영양계열 호텔조리전공	www.jbsc.ac.kr	
	3년제	**전주기전대학**	전북 전주시 완산구 중화산동 1가 177	063)280-5204
		보건복지학부 식품생명과학과 외식조리전공	www.kijeon.ac.kr	
		보건복지학부 식품영양학과		
	4년제	**호원대학교**	전북 군산시 임피면 월하리 727	063)450-7114
		식품외식조리학부 외식조리전공	www.howon.ac.kr	

지역	구분	대학명/학부명	주소/홈페이지	전화번호
		식품외식조리학부 바이오식품전공		
제주	2년제	**제주관광대학**	제주 북제주군 애월읍 광령2리 2535	064)740-8700
		호텔조리계열 서양조리전공	www.ctc.ac.kr	
		호텔조리계열 동양조리전공		
		호텔조리계열 제과제빵전공		
		제주산업정보대학	제주 제주시 영평동 2235	064)754-0200
		관광호텔조리과	www.jeju.ac.kr	
		식품영양과		
		제주한라대학	제주 제주시 노형동 1534	064)741-7575
		호텔조리과	www.halla-c.ac.kr	
충남	2년제	**신성대학**	충남 당진군 정미면 덕마리 49	041)3501-114
		호텔식품계열 외식산업전공	www.shinsung.ac.kr	
		호텔식품계열 제과제빵전공		
		혜전대학	충남 홍성군 홍성읍 남장리 산 16	041)630-5114
		호텔조리과	www.hyejeon.ac.kr	
		호텔제과제빵과		
		외식산업과		
		식품영양과		
	4년제	**중부대학교**	충남 금산군 추부면 대학로 101	041)750-6500
		호텔관광계열 호텔외식산업학과	www.joongbu.ac.kr	
		한방보건계열 한방건강식품학과		
		청운대학교	충남·홍성군 홍성읍 남장리 산 29	041-630-3114
		식품영양학과	www.cwunet.ac.kr	
충북	2년제	**극동정보대학**	충북 충주시 이류면 만정리 45-5	043)841-3700
		호텔외식산업과	www.kdc.ac.kr	
		호텔조리제빵과		
		대원과학대학	충북 제천시 신월동 599	043)645-9171
		식품영양과	www.daewon.ac.kr	
		호텔조리과		